प्रारम्भिक कलन

प्रारम्भिक कलन

डॉ. ब्रजमोहन

वाणी प्रकाशन

वाणी प्रकाशन

4695, 21-ए, दरियागंज, नयी दिल्ली 110 002

शाखा

अशोक राजपथ, पटना 800 004

फ़ोन : +91 11 23273167 फ़ैक्स : +91 11 23275710

www.vaniprakashan.in
vaniprakashan@gmail.com
sales@vaniprakashan.in

PRARAMBHIK KALAN
by Dr. Brijmohan

ISBN : 978-93-87409-69-9
Maths

प्रथम (वाणी) संस्करण

मूल्य : ₹ 395

सिटी प्रेस, दिल्ली-110 095 में मुद्रित

वाणी प्रकाशन का लोगो मक़बूल फ़िदा हुसेन की कूची से

प्रस्तावना

प्रस्तुत पुस्तक मेरी इसी विषय की अंग्रेज़ी पुस्तक का अनुवाद है। बहुधा लेखकों को पुस्तक छपाने के लिए कोई न कोई बहाना देना पड़ता है। परन्तु वर्तमान स्थिति में तो बहाना ढूँढने की कोई आवश्यकता ही नहीं है क्योंकि हिन्दी में गणित सम्बन्धी पुस्तकों का प्रायः अभाव ही है। अतएव यह प्रयास सर्वथा क्षम्य है।

कुछ सज्जनों का मत है कि हम हिन्दी को शिक्षा का माध्यम तब तक नहीं बना सकते जब तक कि भिन्न २ विषयों पर हिन्दी में पुस्तकें तैयार न हो जायँ। परन्तु प्रकाशक इस प्रकार की पुस्तकें तब तक क्यों छापेंगे जब तक कि ऐसी पुस्तकों की खपत न हो। यह एक दुष्चक्र है। पुस्तकें तब तक तैयार न होंगी जब तक कि शिक्षा का माध्यम हिन्दी न हो जाय, और शिक्षा का माध्यम तब तक हिन्दी नहीं हो सकती जब तक कि पुस्तकें तैयार न हो जायँ। इस प्रकार के तर्क से वैज्ञानिक जनता में गतिरोध पैदा हो गया है। यदि लेखक-गण इस गतिरोध को दूर करना चाहते हैं तो उसका एक-मात्र उपाय यही है कि जैसे भी हो पुस्तकें तैयार करलें और या तो सार्वजनिक संस्थाओं द्वारा उन्हें प्रकाशित करा लें अथवा यदि सम्भव हो तो स्वयं ही प्रकाशित कर लें। चाहे इस योजना से उन्हें आर्थिक लाभ नगण्य ही हो। यदि पुस्तकें तैयार हो गईं तो हिन्दी को शिक्षा का माध्यम न बनाने का एक मात्र बहाना भी लुप्त हो जायगा।

मैंने अभी एक हिन्दी गणितीय शब्दावली तैयार की है जो प्रयाग के भारतीय हिन्दी परिषद द्वारा प्रकाशित हो रही है। इस पुस्तक के समस्त पर्यायवाची शब्द उसी शब्दावली से लिए गए हैं।

ब्रजमोहन

विषय सूची

अध्याय १

फलन और सीमायें

अध्याय २

अवकल गुणक

प्रयोग

अध्याय ३

नियत रूप

अध्याय ४

मूल साध्य

अध्याय ५

अनुकलन का अर्थ

अध्याय ६

मूल प्रमेय

अध्याय ७

मूल साध्य

नियत रूप

अध्याय ८

स्थानापत्ति की विधि

अध्याय ९

खण्डानुकलन

अध्याय १

फलन और सीमायें

१. इस पुस्तिका में, जब तक इसके विरोध में स्पष्टतः कुछ न दिया हो, यह समझा जायगा कि सब कोण वृत्तीय माप में दिए गए हैं, सब लघुगणक नेपियरीय हैं एवं सब भुजयुग्माक्ष आयताकार हैं।

२. फलन की ऊहा

समीकरण
$$र = २ य^२ + १, \qquad (२.१)$$
में यदि हम य = २ रक्खें तो र = ९ होता है। यदि य = $२\frac{१}{२}$ तो र = $\frac{२७}{२}$ और यदि य = ३ तो र = १९। जैसे २ हम य को भिन्न २ मान देते जायंगे, र का भी मान बदलता जायगा।

एक चिन्ह जिसका मान बदलता रहता है, **चल** कहलाता है।

वह चिह्न जिसका मान नहीं बदलता, **अचल** कहलाता है।

(२.१) में य एक चल है, २ और १ अचल हैं।

इसके अतिरिक्त (२.१) में हम य को स्वेच्छा से कोई भी मान दे सकते हैं, इसलिए य को **स्वतंत्र चल** कहते हैं। र का मान य के मान पर निर्भर है, इसलिए इसे **परतंत्र चल** कहते हैं।

(२.१) में य के प्रत्येक मान के संगत र का केवल एक निश्चित मान होता है। एक चिह्न जिसका, य के प्रत्येक मान के लिए, केवल एक ही और निश्चित मान होता है, य का **फलन** कहलाता है। इस प्रकार (२.१) में र य का फलन है।

स्पष्ट है कि किसी फलनीय सम्बन्ध में एक राशि की परिवर्तन दर दूसरी राशि की परिवर्तन दर पर निर्भर होती है। इस परिवर्तन दर का अध्ययन ही चलन कलन का ध्येय है।

फलनों के उदाहरण

१. यदि र=५ य−८, तो य के प्रत्येक मान के लिए र का केवल एक ही और निश्चित मान होता है। इसमें र य का फलन है। य एक चल है और ५ और −८ अचल हैं।

२. यदि य=३ कोज ट+४, तो य ट का फलन है, ट एक चल है और ३ और ४ अचल हैं।

३. किसी वृत्त, जिसकी त्रिज्या त्रि हो, के क्षेत्रफल क्षे का सूत्र क्षे=π त्रि^{2} होता है। इसमें त्रि एक चल है, π एक अचल है और क्षे त्रि का फलन है।

४. यदि ट=क कोज ठ+ख ज्या ठ+ग, तो ठ एक चल है, क, ख, ग अचल हैं और ट ठ का फलन है।

५. मान लो कि र=$\sqrt{\text{य}}$। इसमें यदि य=४ तो र का मान +२ अथवा −२ हो सकता है। इसी प्रकार, यदि य=$\frac{५}{२}$ तो र=$\pm\sqrt{\frac{५}{२}}$ । अतः य के किसी मानके लिए र का मान निश्चित नहीं है। र का मान २ राशियों में से कोई सी भी हो सकता है। अतएव र य का फलन नहीं है।

परन्तु यदि हम यह शर्त लगा दें कि र सदैव धनात्मक ही रहेगा तो र का मान, य के किसी भी मान के लिए, निश्चित हो जाता है। जब य=४ तो र=+२। जब य=$\frac{५}{२}$ तो र=$+\sqrt{\frac{५}{२}}$। इस प्रकार र य का फलन हो जाता है।

६. मान लो कि र=कोज$^{-1}$ य। (अ)

यदि $य = \frac{१}{२}$ तो र का मान

$$\frac{\pi}{३}, \frac{५\pi}{३}, \frac{७\pi}{३}, \frac{११\pi}{३}, \frac{१३\pi}{३}, \frac{१७\pi}{३}\ldots\ldots$$

में से कोई भी हो सकता है। अतः र य का फलन नहीं है। परन्तु यदि हम यह नियंत्रण लगा दें कि र का मान (अ) को सन्तुष्ट करने वाली न्यूनतम धनराशि होगा तो र य का फलन हो जाता है। विचाराधीन उदाहरण में र का मान $\frac{\pi}{३}$ होगा।

नोट—१ साधारणतया वर्णमाला के प्रथमाक्षर क, ख, ग... अचल राशियों को निरूपित करते हैं, और अन्तिमाक्षर य, र, ल... चल राशियों को निरूपित करते हैं।

२—फलनों को साधारणतः इस प्रकार लिखते हैं :—

फ (य), फू (य), फं (य)

प्रश्नमाला १

१. यदि $र = ५ य^२ - २$, तो र का मान निकालो जब कि $य = ०, १, \sqrt{२}$

२. यदि $फ (य) = ७ य^२ + ३ य - १$ तो फ (०), फ (१), फ (– २) का मान निकालो।

३. यदि $फ (य) = क य^२ + ख$ तो फ (१), फ (– १), फ (०), $फ \left(\frac{१}{क}\right)$ फ (ख), $फ \left(\frac{ख}{क}\right)$ का मान निकालो।

४. यदि फ (य) = ११ तो फ (२) और फ (– २) का मान बताओ।

५. यदि $फ (य) = \frac{य+१}{य-१}$ तो फ (३), फ (क), फ (२ क) का मान निकालो।

(१) फ (य + टि), (२) फ (य + टि) - फ (य) और

(३) $\frac{\text{फ (य + टि) - फ (य)}}{\text{टि}}$ का मान निकालो जब कि

६. फ (य) = २ य + ३

७. फ (य) = $\text{य}^{२}$

८. एक आयत की चौड़ाई ३ सम है और स्थिर है और लम्बाई य सम है और अस्थिर है। आयत का क्षेत्रफल य के फलन के रूप में लिखो।

९. एक वर्ग य'' की अस्थिर भुजा का है। क्या उसका क्षेत्रफल य का फ़लन है ?

१०. एक आयत का क्षेत्रफल प्रश्न ८ के आयत के क्षेत्रफल का दुगुना है। क्या उसका क्षेत्रफल य का फलन है ?

११. प्रश्न १ के फलन का मान य के किन मानों के लिए शून्य होता है ?

३. र य का फलन हो, इसके लिए यह आवश्यक है कि य के प्रत्येक विचाराधीन मान के लिए र का केवल एकही निश्चित मान होना चाहिए। तनिक व्यंजक

$$\text{फ (य)} = \frac{\text{य}^{२} - ४}{\text{य} - २}. \quad \text{(आ)}$$

पर विचार कीजिये।

भाग देने से दक्षिण पक्ष में य + २ रह जाता है। और इस व्यंजक का मान, य के प्रत्येक मान के लिए, बिल्कुल निश्चित है। इसमें फ (०) = २, फ (१) = ३, फ (- १) = १। और ऐसा प्रतीत होता है कि फ (२) = ४ होगा। परन्तु यहाँ एक कठिनाई उपस्थित होती है। (आ) में हम अंश को हर से तभी भाग दे सकते हैं

जब हर शून्य के बराबर न हो। शून्य से भाग देना अर्थहीन है। जब $य = २$, तो फ (य) का रूप $\frac{०}{०}$ हो जाता है जो बिल्कुल अर्थहीन है। हम ऐसा नहीं कर सकते कि पहले $य^{२} - ४$ को $य - २$ से भाग दें और फिर भजनफल में $य = २$ रखें। क्योंकि $य - २$ से भाग देने की क्रिया में ही यह तथ्य निहित है कि $य - २$ शून्य के बराबर नहीं होगा।

यदि शून्य से भाग देना अनुज्ञेय होता तो समीकरण

$$३ \times ० = ४ \times ०$$

से हम यह निष्कर्ष निकालते कि

$$३ = ४.$$

अतः हम यह कहेंगे कि (आ) में फ (य) य का फलन नहीं है जब $य = २$ होता है। दूसरे शब्दों में, फलन फ (य) य के मान २ के लिए परिभाषित नहीं है।

प्रश्नमाला २

क्या फलन

१. $\frac{य^{३} - १}{य - १}$ विन्दु $य = १$ पर परिभाषित है?

२. $\frac{\text{ज्या } य}{य}$ विन्दु $य = ०$ पर परिभाषित है?

३. $\frac{य^{२} - ४}{य - २}$ विन्दु $य = २\frac{१}{१००}$ पर परिभाषित है?

४. $\frac{५ य + २}{य + ३}$ विन्दु $य = - ३$ पर परिभाषित है?

५. $\frac{य^{२} - क^{२}}{य - क}$ विन्दु $य = क$ पर परिभाषित है?

६. $\frac{य^२ - क^२}{य + क}$ विन्दु य = - क पर परिभाषित है ?

७. $य^२ - क^२$ विन्दु य=क पर परिभाषित है ?

८. य+क विन्दु य = - क पर परिभाषित है ?

४. सीमा की ऊहा

हमने § ३ में देखा है कि विन्दु य=२ पर फलन

$$फ(य) = \frac{य^२ - ४}{य - २}$$

की सत्ता नहीं है। परन्तु मान लो कि हम य को निरन्तर २ के निकटवर्ती मान देते चले जायँ और फ (य) के संगत मान निकालते चले जायँ तो हमें इस प्रकार की तालिका मिलेगी :—

य	फ (य)
$२\frac{१}{१०}$	$४\frac{१}{१०}$
$२\frac{१}{२०}$	$४\frac{१}{२०}$
$२\frac{१}{१००}$	$४\frac{१}{१००}$
$२\frac{१}{१०००}$	$४\frac{१}{१०००}$
$२\frac{१}{१००००}$	$४\frac{१}{१००००}$

इस तालिका पर दृष्टि डालने से पता चलता है कि ज्यों ज्यों य २ के समीप जाता है त्यों त्यों फ (य) ४ के समीपस्थ होता जाता है। दूसरे शब्दों में, जैसे जैसे य और २ का अन्तर घटता जाता है तैसे तैसे फ (य) और ४ का अन्तर भी घटता चला जाता है। इन अन्तरों की तालिका शिक्षाप्रद होगी :—

य – २	फ (य) – ४
$\frac{१}{१०}$	$\frac{१}{१०}$
$\frac{१}{२०}$	$\frac{१}{२०}$
$\frac{१}{१००}$	$\frac{१}{१००}$
$\frac{१}{१०००}$	$\frac{१}{१०००}$
$\frac{१}{१००००}$	$\frac{१}{१००००}$

जैसे जैसे हम य और २ के अन्तर को छोटा करते जाते हैं, फ (य) और ४ का अन्तर भी छोटा होता जाता है। अर्थात् ज्यों ज्यों राशि (य – २) घटती है, त्यों त्यों राशि [फ (य) – ४] भी घटती जाती है। वास्तव में हम (य – २) को काफी छोटा करके राशि [फ (य) – ४] को जितना चाहे उतना छोटा बना सकते हैं। इस प्रकार यदि हम राशि [फ (य) – ४] को $\frac{१}{१०^७}$ से छोटा बनाना चाहें तो य को २ और $२\frac{१}{१०^७}$ के बीच का कोई मान देने से हमारा काम चल जायगा।

अब मान लीजिए कि हम य को ऐसे मान देते हैं जो २ से कम हैं परन्तु निरन्तर २ के समीपस्थ होते जाते हैं। हमको मानों की इस प्रकार की संगत तालिका मिलेगी :—

य	फ (य)
$१\frac{९}{१०}$	$३\frac{९}{१०}$
$१\frac{९९}{१००}$	$३\frac{९९}{१००}$
$१\frac{९९९}{१०००}$	$३\frac{९९९}{१०००}$
$१\frac{९९९९}{१००००}$	$३\frac{९९९९}{१००००}$

इस तालिका से स्पष्ट है कि फ (य) का मान सदैव ४ से कम रहता है परन्तु निरन्तर उसके समीप होता जाता है। अन्तरों की संगत तालिका इस प्रकार की होगी :—

य − २	फ (य) − ४
$-\frac{१}{१०}$	$-\frac{१}{१०}$
$-\frac{१}{१००}$	$-\frac{१}{१००}$
$-\frac{१}{१०००}$	$-\frac{१}{१०००}$
$-\frac{१}{१००००}$	$-\frac{१}{१००००}$

चिह्नों के कारण कोई भ्रम न हो, इस हेतु हम यहाँ एक परिभाषा बनाते हैं :—

परिभाषा—चिह्न | क − ख | क और ख के अन्तर का धनात्मक मान निरूपित करता है।

इस प्रकार | ७ − ४ | = ३ और | ४ − ७ | = ३ | इस संकेत लिपि से हम ऊपर की दोनों अन्तर-तालिकाओं को मिलाकर एक कर सकते हैं :—

|य − २|	|फ (य) − ४|
$\frac{१}{१०}$	$\frac{१}{१०}$
$\frac{१}{१००}$	$\frac{१}{१००}$
$\frac{१}{१०००}$	$\frac{१}{१०००}$

....

अतः अब हम यह कह सकते हैं कि | य − २ | को काफी छोटा लेने से हम | फ (य) − ४ | को जितना भी चाहें उतना छोटा बना सकते हैं। सांकेतिक भाषा में हम इस तथ्य को इस प्रकार लिखते हैं :—

$$\underset{य \to २}{\text{सी}} \ फ(य) = ४$$

दूसरे शब्दों में, "फ (य) की सीमा, जब य २ की ओर जाता है, ४ है।"

व्यापक शब्दों में, य=क पर फ (य) की सीमा स होगी यदि हम | य – २ | को काफी छोटा लेने से | फ (य) – ४ | को जितना चाहें उतना छोटा बना सकें। हमारी सांकेतिक भाषा यह होगी :—

$$\underset{\text{य}\to\text{क}}{\text{सी}} \quad \text{फ}(\text{य}) = \text{स}$$

व्यंजक $\underset{\text{य}\to\text{क}}{\text{“सी”}}$ का अर्थ है “सीमा, जब य क की ओर जाता है।”

कुछ उदाहरण

(१) मान लो कि एक सम बहुभुज एक वृत्त के अन्दर बनाया गया है। मान लो कि बहुभुज की भुजाओं की संख्या निर्बाध्य रूप से बढ़ाई गई है। अन्ततः बहुभुज वृत्त से अभिन्न हो जायगा। दोनों के बीच का अन्तर बहुत ही कम, (वास्तव में उससे भी कम जितना कम-से-कम हम सोच सकते हैं) हो जायगा। ऐसी दशा में हम कहते हैं कि वृत्त बहुभुज की सीमा है।

(२) $\frac{\text{य}+२}{४\,\text{य}+३}$ और $\frac{२}{३}$ का अन्तर $\frac{५\,\text{य}}{३\,(४\,\text{य}+३)}$ है। यदि हम य को पर्याप्ततः बहुत छोटा मान लें तो यह भिन्न उस राशि से भी छोटी बनाई जा सकती है जिसे हम छोटी-से-छोटी कहेंगे। अतएव $\frac{\text{य}+२}{४\,\text{य}+३}$ की सीमा, जब य शून्य के समीपस्थ हो जाता है, $\frac{२}{३}$ है।

इसके विपरीत, जब य को असीमित रूप से बढ़ाया जाता है, तो यह भिन्न, जिसका एक रूप

$$\frac{१ + \frac{२}{य}}{४ + \frac{३}{य}}$$

है, $\frac{१}{४}$ के समीपस्थ हो जाती है। इसलिये इस भिन्न की सीमा, जब य को निर्वाध्य रूप से बढ़ाया जाता है, $\frac{१}{४}$ है। हम इन फलों को निम्नलिखित रूपों में लिखते हैं :—

$$\underset{य \to ०}{\text{सी.}} \frac{य+२}{४य+३} = \frac{२}{३}; \qquad \underset{य \to \infty}{\text{सी.}} \frac{य+२}{४य+३} = \frac{१}{४}।$$

यहाँ व्यंजक $\underset{य \to क}{\text{सी.}}$ का अर्थ होता है "सीमा, जब य क के मान के समीपस्थ हो जाता है"।

(३) मान लो का मू खा एक कोण (=क्ष) है और खा ला, मू का पर लंब है। तो, वृत्तीय माप में—

$$\text{क्ष} = \frac{\text{चाप का खा}}{\text{मू खा}} \text{ और ज्या क्ष} = \frac{\text{खा ला}}{\text{मू खा}}।$$

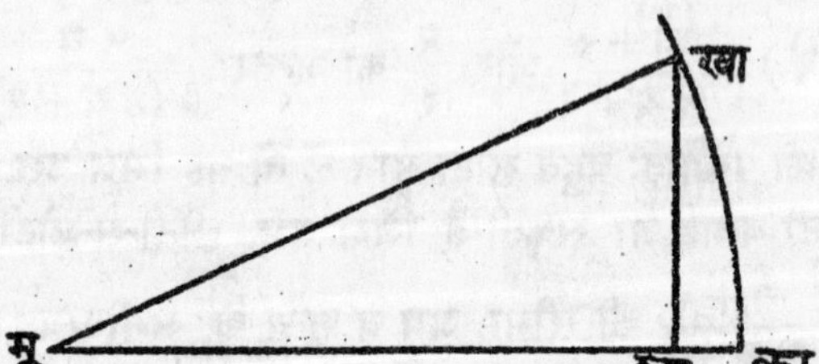

चित्र नं० १

जैसे-जैसे क्ष छोटा होता जाता है, खा ला तथा चाप का खा का अंतर कम होता जाता है और अंततोगत्वा दोनों एक दूसरे से

अभिन्न हो जाते हैं, जिससे उनका अंतर किसी भी अत्यल्प राशि से कम हो जाता है। इस प्रकार

$$\underset{\text{क्ष}\to 0}{\text{सी.}} \frac{\text{ज्या क्ष}}{\text{क्ष}} = \underset{\text{क्ष}\to 0}{\text{सी.}} \frac{\text{खा ला}}{\text{मू खा}} \cdot \frac{\text{मू खा}}{\text{चाप का खा}}$$

$$= \underset{\text{क्ष}\to 0}{\text{सी.}} \frac{\text{खा ला}}{\text{चाप का खा}} = 1 \text{।}$$

५. अब हम सीमाओं पर कुछ महत्त्वपूर्ण प्रमेय देते हैं। इनकी उपपत्तियाँ इस पुस्तक के क्षेत्र के बाहर हैं।

मान लो कि फ (य) → के, फि (य) → खे, फु (य) → गे, जब य → क।

(१) फ (य) + फि (य) → के + खे,

फ (य) + फि (य) + फु (य) → के + खे + गे।

(२) फ (य) − फि (य) → के − खे।

(३) द फ (य) → द के।

(४) फ (य) फि (य) → के खे,

फ (य) फि (य) फु (य)... → के खे गे...

(५) $\frac{\text{फ (य)}}{\text{फि (य)}} \to \frac{\text{के}}{\text{खे}}$ यदि खे ≠ ०.

विशिष्ट दशा : $\frac{\text{द}}{\text{फि (य)}} \to \frac{\text{द}}{\text{खे}}$ ।

अतः, यदि फि (य) → १, तो $\frac{1}{\text{फि (य)}} \to 1$.

६. यदि एक भिन्न का हर शून्य की ओर प्रवृत्त होता है तो उस भिन्न की सीमा के विषय में कोई व्यापक फल प्राप्त नहीं किया जा सकता। भिन्न $\frac{\text{य}^2 + 1}{\text{य}}$, जब य → ०, की सीमा

$$= \underset{य \to ०}{सी} \left(य + \frac{१}{य} \right) = \infty$$ । परंतु

$\underset{य \to ०}{सी} \dfrac{(य-२)^२}{य^२-४}$ के विषय में हम यही बात नहीं कह सकते। इस भिन्न में य के स्थान में यदि हम २ को स्थानापतित करें तो हमें भिन्न $\frac{०}{०}$ के रूप में प्राप्त होती है, और हम जानते हैं कि यह अनिश्चित रूप है। यदि हम य = २ + टि रक्खें, जिसमें टि यथार्थतः शून्य न होकर एक अत्यल्प राशि है जो निरन्तर ० के समीस्थ होती जाती है, तो—

$$भिन्न = \frac{(२+टि-२)^२}{(२+टि)^२-४} = \frac{टि^२}{टि^२+४\,टि} = \frac{टि}{टि+४},$$

और इसकी सीमा ० है, क्योंकि टि ० की ओर प्रवृत्त होता है।

इसके विपरीत, $\dfrac{य^२-९}{य-३}$ की सीमा पर विचार करो, जब य → ३। यह भिन्न भी $\frac{०}{०}$ का रूप प्राप्त कर लेती है। ऊपर की भाँति य = ३ + टि रखने पर हम देखते हैं कि

$$भिन्न = \frac{(३+टि)^२-९}{(३+टि)-३} = \frac{६\,टि+टि^२}{टि} = टि+६।$$

अतएव, सीमा ६ है।

अब हमें यह विचार करना चाहिये कि ऐसा क्यों होता है कि उन दो भिन्नों में जो दोनों ही $\frac{०}{०}$ का रूप प्राप्त करती हैं, एक तो शून्य की ओर प्रवृत्त होती है और दूसरी एक परिमित सीमा की ओर ? इसका कारण ढूँढने हमें दूर नहीं जाना पड़ेगा। दो राशियों में से प्रत्येक अत्यल्प हो सकती है पर उनकी निष्पत्ति अत्यल्प भी हो सकती है परिमित भी। क्योंकि उनकी निष्पत्ति

उनके सापेक्ष परिमाण पर निर्भर रहती है, निरपेक्ष परिमाण पर नहीं।

मान लो कि का खा तथा क ख दो सरल रेखायें हैं, जिनमें एक दूसरी की दुगुनी है। मान लो कि वे रेखायें $\text{मू}_{१}$ तथा $\text{मु}_{१}$ पर अर्धित की गई हैं।

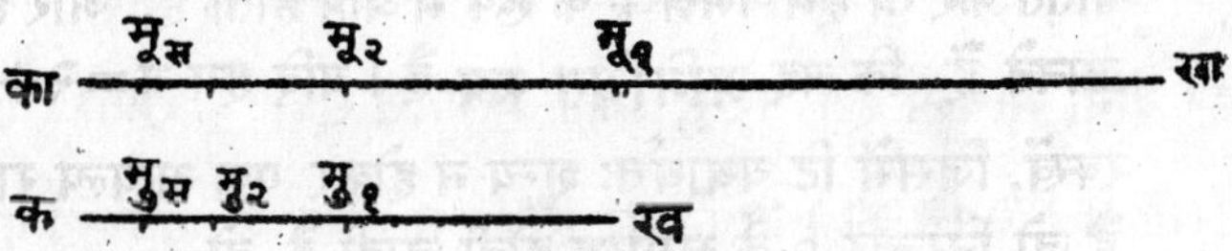

चित्र नं० २

निष्पत्ति $\frac{\text{का खा}}{\text{क ख}} = २$, निष्पत्ति $\frac{\text{कामू}_{१}}{\text{क मु}_{१}}$ का मान भी वही है।

मान लो कि $\text{कामू}_{१}$ तथा $\text{क मु}_{१}$ फिर $\text{मू}_{२}$ और $\text{मु}_{२}$ पर अर्धित की गई हैं। तब पुनः, निष्पत्ति $\frac{\text{का मू}_{२}}{\text{क मु}_{२}} = २$। मान लो कि हम इन रेखाओं को पुनः-पुनः अर्धित करते जायँ जिससे अन्त में प्रत्येक अत्यल्प अवस्था को प्राप्त हो जाय। परन्तु, फिर भी निष्पत्ति $\frac{\text{का मू}_{\text{सं}}}{\text{क मु}_{\text{सं}}} = २$, यद्यपि अंश तथा हर दोनों अत्यल्प हैं।

वास्तव में,

$$\frac{\text{का मू}_{\text{सं}}}{\text{क मु}_{\text{सं}}} = \frac{\frac{१}{२^{\text{सं}}}\text{का खा}}{\frac{१}{२^{\text{सं}}}\text{क ख}}।$$

जैसे-जैसे हम सं को बढ़ाते जाते हैं, वैसे-वैसे अंश तथा हर दोनों घटते जाते हैं, परन्तु उनकी निष्पत्ति सदा २ ही रहती है

यह हमारी निष्पत्ति की धारणा के अनुकूल है। यदि हम अंश और हर दोनों को किसी एक ही राशि से गुणा करें तो निष्पत्ति नहीं बदलती। इस प्रकार,

$$\frac{क}{ख} = \frac{ठि\ क}{ठि\ ख}$$

अतः, यदि ठि एक अल्प राशि है, तो परिमाण में अंश तथा हर दोनों अत्यल्प हैं। परन्तु उनकी निष्पत्ति सदा $\frac{क}{ख}$ रहती है, इसलिये निष्पत्ति का मान ठि पर निर्भर न होकर क तथा ख पर निर्भर रहता है। यदि $\frac{क}{ख}$ परिमित है, तो निष्पत्ति भी परिमित है।

सारांश यह है कि यदि किसी भिन्न का हर ० की ओर प्रवृत्त होता है, तो उस भिन्न की सीमा शून्य, एक परिमित राशि अथवा ∞ हो सकती है।

७ प्रतिपन्न प्रश्नः—

(१) $\underset{य \to १}{सी.} \frac{य^२ - ३\ य + २}{२\ य^२ + य - ३}$ का मान ज्ञात करो।

$$भिन्न = \frac{(य - १)\ (य - २)}{(य - १)\ (२य + ३)}$$

यदि टि एक अल्प राशि है तो य के स्थान पर १ + टि रखने पर—

$$\frac{(य - १)\ (य - २)}{(य - १)\ (२य + ३)} = \frac{टि\ (टि - १)}{टि\ (२\ टि + ५)} = \frac{टि - १}{२\ टि + ५}$$

जैसे जैसे टि ० के समीपस्थ होती जाती है, भिन्न $-\frac{१}{५}$ की ओर प्रवृत्त होती है। अतः अभीष्ट सीमा $-\frac{१}{५}$ है।

(२) $\lim\limits_{य \to 0} \dfrac{य}{\sqrt{१+य}-१}$ का मान ज्ञात करो। (बनारस १९४६)

चूँकि य अल्प है, हम मान सकते हैं कि वह १ से कम है। अतएव, द्विपद प्रमेय का प्रयोग करने से हमें हस्तगत है—

$$\frac{य}{(१+य)^{\frac{१}{२}}-१} = \frac{य}{\left(१+\frac{१}{२}य-\frac{१}{८}य^२+\cdots\right)-१}$$

$$= \frac{य}{\frac{१}{२}य-\frac{१}{८}य^२+ य \text{ के उच्चघात}}$$

$$= \frac{१}{\frac{१}{२}-\frac{१}{८}य+\cdots}$$

$$= \frac{१}{\frac{१}{२}}$$

$$= २.।$$

(३) मान ज्ञात करो— $\lim\limits_{य \to \infty} \dfrac{प य + \dfrac{फ}{य}}{ब य + \dfrac{भ}{य}}$

$$सीमा = \lim_{य \to \infty} \frac{प + \dfrac{फ}{य^२}}{ब + \dfrac{भ}{य^२}}$$

$$= \frac{प}{ब}।$$

प्रश्नमाला ३

१. $\dfrac{य^३ - प^३}{य - प}$ का मान ज्ञात करो जब $य \to प$।

२. मान ज्ञात करो— $\lim_{क्ष \to ०}$ कोज्या क्ष का।

३. $\lim_{य \to -\frac{२}{३}} \frac{३ य^{२} + ५ य + २}{३ य^{२} - ४ य - ४}$ का मान ज्ञात करो।

४. ज्ञात करो $\lim_{य \to ख} \frac{२ य^{२} - (२ ख + १) य + ख}{(ख + १) य - ख - य^{२}}$ ।

५. ज्ञात करो सी. $\frac{प य + फ}{प य - फ}$, (i) जब य→०, (ii) जब य→∞ ।

६. ज्ञात करो सी. $\frac{(क य + ख)^{२}}{य^{२}}$, (i) जब य→०; (ii) जब य→∞ ।

७. ज्ञात करो $\lim_{य \to १} \frac{य + २\sqrt{य} - ३}{य + \sqrt{य} - २}$ ।

८. कुछ महत्त्व पूर्ण सीमायें :—

(१) $\lim_{क्ष \to ०} \frac{\text{ज्या क्ष}}{क्ष} = १$; $\lim_{क्ष \to ०}$ कोज्या क्ष = १ ।

(२) $\lim_{य \to \infty} \left(१ + \frac{१}{य}\right)^{य} = \lim_{त \to ०} (१ + त)^{\frac{१}{त}} = इ$ ।

$\lim_{य \to \infty} \left(१ + \frac{क}{य}\right)^{य} = इ^{य}$ ।

(३) $\lim_{य \to १} \frac{य^{सं} - १}{य - १} = \lim_{त \to ०} \frac{(१ + त)^{सं} - १}{त} = सं$ ।

(४) $\lim_{य \to ०} \frac{क^{य} - १}{य} = \text{लघु } क$ ।

(३) की उपपत्ति :—

मान लो कि $य = १ + टि$, जिसमें टि ऐसी राशि है कि जैसे-जैसे य, १ के समीपस्थ होता है, वह ० की ओर प्रवृत्त होती है।

$$\underset{य \to १}{\text{सी.}} \frac{य^{सं} - १}{य - १} = \underset{टि \to ०}{\text{सी.}} \frac{(१ + टि)^{सं} - १}{टि}$$

चूँकि टि ० के समीपस्थ होता जाता है हम इसे १ से कम मान सकते हैं। अतः, द्विपद प्रमेय का प्रयोग करने पर हमें प्राप्त होता है—

$$\underset{य \to १}{\text{सी.}} \frac{य^{सं} - १}{य - १} = \underset{टि \to ०}{\text{सी.}} \frac{\left\{ १ + सं\,टि + \frac{सं\,(सं - १)}{\underline{|२}} टि^{२} + \dots \right\} - १}{टि}$$

$$= \underset{टि \to ०}{\text{सी.}} \left\{ सं + \frac{सं\,(सं - १)}{\underline{|२}}\, टि + \dots \right\}$$

$$= सं ।$$

(४) की उपपत्ति :—

$$\underset{य \to ०}{\text{सी.}} \frac{क^{य} - १}{य}$$

$$= \underset{य \to ०}{\text{सी.}} \frac{१}{य} \left[\left\{ १ + य\, लघु_{इ} क + \frac{य^{२} (लघु_{इ} क)^{२}}{\underline{|२}} + \dots \right\} - १ \right]$$

$$= \underset{य \to ०}{\text{सी.}} \left\{ लघु_{इ} क + \frac{य}{\underline{|२}} (लघु_{इ} क)^{२} + \dots \right\}$$

$$= लघु_{इ} क ।$$ *

* इन उदाहरणों में हमने अप्रत्यक्ष रूप से यह मान लिया है कि प्रयुक्त श्रेणियाँ संसृत हैं।

९. अन्य अनिश्चित रूप $० \times \infty$, $\frac{\infty}{\infty}$, $\infty - \infty$, $०^०$, $\infty^०$, १^{∞} हैं, परंतु कुछ विशेष क्रियाओं द्वारा हम इन्हें ऐसे रूपों में ढाल सकते हैं कि ये $\frac{०}{०}$ के रूप पर निर्भर हो जायँ।

यदि य को अनन्त होना हो तो कभी-कभी $य = \frac{१}{र}$ रखना लाभप्रद होता है, जिससे जब $य = \infty$, तब $र = ०$।

निम्नलिखित महत्त्वशाली फलों का प्रयोग प्रश्न हल करने में किया जा सकता है—

$$(१+य)^{सं} = १ + सं\,य + \frac{सं\,(सं-१)}{|\underline{२}}य^२ + \frac{सं\,(सं-१)\,(सं-२)}{|\underline{२}}य^३ + \ldots\ldots ।$$

$$(१-य)^{-सं} = १ + सं\,य + \frac{सं\,(सं+१)}{|\underline{२}}य^२ + \frac{सं(सं+१)\,(सं+२)}{|\underline{३}}य^३ + \ldots\ldots ।$$

$$क^{य} = १ + य\,लघु_{इ}\,क + \frac{य^२\,(लघु_{इ}\,क)^२}{|\underline{२}} + \frac{य^३\,(लघु_{इ}\,क)^३}{|\underline{३}} + \ldots\ldots ।$$

$$इ^{य} = १ + य + \frac{य^२}{|\underline{२}} + \frac{य^३}{|\underline{३}} + \ldots\ldots ।$$

$$लघु_{इ}\,(१+य) = य - \frac{य^२}{२} + \frac{य^३}{३} - \frac{य^४}{४} + \ldots\ldots\ldots ।$$

$$-\text{लघु}_{\text{इ}}(१-\text{य}) = \text{य} + \frac{\text{य}^२}{२} + \frac{\text{य}^३}{३} + \frac{\text{य}^४}{४} + \dots\dots\dots।$$

$$\frac{१}{२}\text{लघु}_{\text{इ}}\frac{१+\text{य}}{१-\text{य}} = \text{य} + \frac{\text{य}^३}{३} + \frac{\text{य}^५}{५} + \dots\dots\dots।$$

१० प्रतिपन्न प्रश्न

(i) मान निकालो— $\underset{\text{य}\to\infty}{\text{सी.}}\ ३^{\text{य}}\ \text{ज्या}\ \dfrac{\text{क}}{३^{\text{य}}}$ का।

भिन्न का रूप $\infty \times ०$ है।

$$\text{सीमा} = \underset{\text{य}\to\infty}{\text{सी.}}\ \text{क.}\frac{\text{ज्या}\ \dfrac{\text{क}}{३^{\text{य}}}}{\dfrac{\text{क}}{३^{\text{य}}}}$$

$$= \text{क.}\underset{\text{क्ष}\to०}{\text{सी}}\ \frac{\text{ज्या क्ष}}{\text{क्ष}}$$

$$= \text{क}।$$

(ii) मान निकालो— $\underset{\text{य}\to१}{\text{सी.}}\ (२-\text{य})^{\frac{१}{१-\text{य}}}$ का।

इसका रूप १^{∞} है। य = १ − र रखने पर, हमें प्राप्त होता है—

$$\underset{\text{य}\to१}{\text{सी}}(२-\text{य})^{\frac{१}{१-\text{य}}} = \underset{\text{र}\to०}{\text{सी}}\ (१+\text{र})^{\frac{१}{\text{र}}}$$

$$= \text{इ}।$$

(iii) मान निकालो— $\underset{य \to \infty}{\text{सी.}} \dfrac{२ य}{\sqrt{१ + य^४}}$ ।

इसका रूप $\dfrac{\infty}{\infty}$ है। $य = \dfrac{१}{र}$ रखने पर, हम देखते हैं कि—

$$सीमा = \underset{र \to ०}{\text{सी.}} \frac{२ र}{\sqrt{१ + र^४}} ।$$

$$= ०. ।$$

(iv) $\underset{य \to \infty}{\text{सी.}}$ य ज्या $\dfrac{१}{य} = \underset{र \to ०}{\text{सी.}} \dfrac{\text{ज्या } र}{र} = १$

(बनारस १९४६)

प्रश्नमाला ४

१. सिद्ध करो कि $\underset{य \to \infty}{\text{सी.}} \dfrac{य^२ - २ य}{य^३ - ३ य} = ०$ ।

निम्नलिखित सीमाओं का मान ज्ञात करो—

२. $\underset{य \to १}{\text{सी.}} \dfrac{य^प - १}{य^फ - १}$ । ३. $\underset{य \to ०}{\text{सी.}} \dfrac{इ^य - इ^{-य}}{य}$ ।

४. $\underset{य \to ०}{\text{सी.}} \dfrac{प^{-य} - फ^य}{य}$ । ५. $\underset{य \to ०}{\text{सी.}} \dfrac{प^य - १}{फ^य - १}$ ।

६. $\underset{य \to \infty}{\text{सी.}} \dfrac{\sqrt{१ + य}}{य}$ । ७. $\underset{य \to ०}{\text{सी.}} \dfrac{च य + \dfrac{छ}{य}}{ज य + \dfrac{झ}{य}}$ ।

८. $\underset{य \to \infty}{\text{सी.}}\ क^{य}\, ज्या\, \frac{३}{क^{य}}$ । ९. $\underset{य \to \infty}{\text{सी.}}\ \frac{\sqrt{२+३य+य^{२}}}{य}$ ।

१०. सिद्ध करो कि—(i) $\underset{य \to १}{\text{सी.}}\ \frac{\text{लघु}\, य}{य-१}=१$ (बनारस १९४६)

(ii) $\underset{य \to क}{\text{सी.}}\ \frac{य^{छ}-क^{छ}}{य^{ज}-क^{ज}}=\frac{छ}{ज}\, क^{छ-ज}$ ।

(बनारस १९४०)

अध्याय २

अवकलगुणक

प्रयोग

११. अवकल-गुणक :—

मान लो कि

$$र = य^2$$

य का एक फलन है। अब इस फलन के आचरण का अध्ययन करो, जब य=२। य के २ के समीप के मानों तथा र के संगत मानों की तालिका शिक्षाप्रद होगी :—

य	२·५	२·३	२·१	२·०१	२·००१
र	६·२५	५·२९	४·४१	४·०४०१	४·००४००१

बिन्दु य=२ पर, र=४। यदि हम य में ·५ की अल्प वृद्धि करें, तो र में २·२५ की वृद्धि हो जाती है; यदि य में ·३ की वृद्धि की जाय, तो र में १·२९ की वृद्धि हो जाती है, आदि-आदि। य तथा र में की गई अल्प वृद्धियों को हम क्रमशः तोय तथा तोर से निरूपित करते हैं, और तोर, तोय तथा $\frac{तोर}{तोय}$ की वृद्धियों की संगत तालिका तय्यार करते हैं।

तोय	·५	·३	·१	·०१	·००१
तोर	२·२५	१·२९	·४१	·०४०१	·००४००१
तोर/तोय	४·५	४·३	४·१	४·०१	४·००१

इस तालिका में हम देखते हैं कि जैसे-जैसे तोय, और उसके फलस्वरूप तोर, छोटे होते जाते हैं, निष्पत्ति $\frac{\text{तोर}}{\text{तोय}}$, ४ के समीपतर होती जाती है। इससे यह अनुमान होता है कि जब तोय, और इसके फलस्वरूप तोर, अत्यल्प हो जाते हैं, तो निष्पत्ति $\frac{\text{तोर}}{\text{तोय}}$ की सीमा कदाचित् ४ होगी।

अब, हम बिंदु य = १ के लिये भी एक संगत तालिका तैयार करते हैं—

य	१·४	१·२	१·१	१·०१	१·००१
र	१·९६	१·४४	१·२१	१·०२०१	१·००२००१
तोय	·४	·२	·१	·०१	·००१
तोर	·९६	·४४	·२१	·०२०१	·००२००१
तोर/तोय	२·४	२·२	२·१	२·०१	·२००१

यहाँ भी हम देखते हैं कि जैसे-जैसे तोय छोटा होता जाता है, $\frac{\text{तोर}}{\text{तोय}}$ का मान २ के समीपतर होता जाता है। तब क्या य के

प्रत्येक मान के लिये निष्पत्ति $\frac{\text{तोर}}{\text{तोय}}$ का एक निश्चित सीमान्त मान होता है ?

अब फिर, समीकरण $र = य^2$ में—

मान लो कि हम य में तोय की अल्पवृद्धि करते हैं; और, मान लो कि इसके फलस्वरूप र में जो वृद्धि होती है उसे हम तोर द्वारा निरूपित करते हैं। तब,

$$र + \text{तोर} = (य + \text{तोय})^2$$

$$\therefore \text{तोर} = (य + \text{तोय})^2 - य^2$$

$$= \text{तोय}\ (२\,य + \text{तोय})$$

$$\therefore \frac{\text{तोर}}{\text{तोय}} = २\,य + \text{तोय}।$$

$$\therefore \underset{\text{तोय}\to०}{\text{सी.}} \frac{\text{तोर}}{\text{तोय}} = २\,य।$$

$\frac{\text{तोर}}{\text{तोय}}$ की इस सीमा को, जब तोय→०, $य^2$ का य के प्रति **प्रथम अवकल गुणक** कहते हैं। इस प्रकार $य^2$ का य के प्रति प्रथम अवकल गुणक २ य है। और यह फल, उपर्युक्त तालिकाओं के अनुसार, हमारे अनुमान से सहमत है, क्योंकि जब य = २, यह सीमा ४ है, और, जब य = १, यह सीमा २ है।

व्यापक रूप से, मान लो, र = फ (य)।

$$\text{तब } र + \text{तोर} = फ\,(य + \text{तोय})$$

$$\therefore \text{तोर} = फ\,(य + \text{तोय}) - फ\,(य)$$

$$\text{अतः } \underset{\text{तोय}\to०}{\text{सी.}} \frac{\text{तोर}}{\text{तोय}} = \underset{\text{तोय}\to०}{\text{सी.}} \frac{फ(य + \text{तोय}) - फ(य)}{\text{तोय}}$$

और यह सीमा फ (य) का य के प्रति प्रथम अवकल गुणक कहलाती है। इस सीमा को प्राप्त करने की क्रिया को "फ (य) का अवकलन करना" कहते हैं।

रीत्यनुसार इस सीमा को $\frac{तार}{ताय}$ लिखते हैं। अतएव

$$\frac{तार}{ताय} = \underset{तोय \to ०}{सी.} \frac{तोर}{तोय} = \underset{तोय \to ०}{सी.} \frac{फ\,(य + तोय) - फ\,(य)}{तोय}\text{।}$$

१२. यह भली प्रकार समझ लेना चाहिये कि $\frac{तोर}{तोय}$ तोर और तोय की निष्पत्ति है, परन्तु $\frac{तार}{ताय}$ एक निष्पत्ति नहीं है, वरन् सीमा निकालने का फल है। $\frac{तार}{ताय}$ को "तार और ताय का भजनफल" कहना उतना ही अशुद्ध है जितना "कोज्या य" को "कोज्या" और "य" का गुणनफल कहना।

इसी वस्तु के लिये अन्य चिन्ह यह है:—

$$\frac{ताफ\,(य)}{ताय},\ \frac{ताफ}{ताय},\ फ'\,(य),\ फ',\ \dot{फ},\ फ_{य},\ र',\ \dot{र},\ र_{१};\ ता_{य}र\text{।}$$

कभी कभी तोय के स्थान पर टि लिखा जाता है, और तब $\frac{तार}{ताय}$ की परिभाषा यह होगी :—

$$\underset{टि \to ०}{सी.} \frac{फ\,(य + टि) - फ\,(य)}{टि}\text{।}$$

परन्तु प्रारम्भ में विद्यार्थी के लिये उचित है कि टि के बदले सदैव तोय का प्रयोग करे ताकि य और तोय के आधारभूत सम्बन्ध का सदैव ध्यान रहे। हम समय समय पर दोनों का प्रयोग करेंगे।

अतः हम देखते हैं कि किसी फलन का प्रथम अवकल गुणक अर्थात् $\frac{\text{“ता”}}{\text{ताय}}$ निकालने के लिये हमें

(१) य के स्थान पर य + तोय रखना है,
(२) फलन का मौलिक मान घटाना है,
(३) शेष को तोय से भाग देना है, और
(४) सीमा निकालनी है, जब तोय ० की ओर प्रवृत्त होता है।

इस क्रिया से हमें अभीष्ट फल मिल जायगा।

१३. प्रतिपन्न प्रश्न

(१) $\frac{\text{तार}}{\text{ताय}}$ निकालो जब $\text{र} = \sqrt{\text{य}}$ ।

यहाँ $\text{फ}(\text{य}) = \sqrt{\text{य}}$,

और $\text{फ}(\text{य} + \text{तोय}) = \sqrt{\text{य} + \text{तोय}}$ ।

$$\therefore \text{अवकल गुणक} = \underset{\text{तोय} \to ०}{\text{सी.}} \frac{\sqrt{\text{य} + \text{तोय}} - \sqrt{\text{य}}}{\text{तोय}}$$

$$= \underset{\text{तोय} \to ०}{\text{सी.}} \frac{(\text{य} + \text{तोय}) - \text{य}}{\text{तोय}\left(\sqrt{\text{य} + \text{तोय}} + \sqrt{\text{य}}\right)}$$

$$= \underset{\text{तोय} \to ०}{\text{सी.}} \frac{१}{\sqrt{\text{य} + \text{तोय}} + \sqrt{\text{य}}} = \frac{१}{२\sqrt{\text{य}}} \text{ ।}$$

$$\therefore \frac{\text{ता}}{\text{ताय}}\left(\sqrt{\text{य}}\right) = \frac{१}{२\sqrt{\text{य}}} \text{ ।}$$

(२) $२\,\text{य}^३ - १$ का अवकल गुणक निकालो जब $\text{य} = २$ ।

यहाँ $\text{फ}(\text{य}) = २\,\text{य}^३ - १$,

$$फ(य+टि) = २(य+टि)^३ - १$$

और $\dfrac{फ(य+टि) - फ(य)}{टि}$

$$= \frac{१}{टि}\{२(य+टि)^३ - १ - (२य^३ - १)\}$$

$$= \frac{१}{टि}\{२(य^३ + ३य^२टि + ३यटि^२ + टि^३) - १ - (२य^३ - १)\}$$

$$= \frac{१}{टि}\{६य^२टि + ६यटि^२ + २टि^३\}$$

अतएव, अवकल गुणक $= \underset{टि \to ०}{\text{सी.}} (६य^२ + ६यटि + २टि^२)$

$$= ६य^२ ।$$

अतः जब $य = २$ तब $२य^३ - १$ के अवकल गुणक का मान २४ है।

(३) यदि $दू = \dfrac{१}{क्ष^२}$ तो $\dfrac{तादू}{ताक्ष}$ निकालो।

$$\frac{तादू}{ताक्ष} = \underset{तोक्ष \to ०}{\text{सी.}} \frac{\dfrac{१}{(क्ष+तोक्ष)^२} - \dfrac{१}{क्ष^२}}{तोक्ष}$$

$$= -\underset{तोक्ष \to ०}{\text{सी.}} \frac{१}{तोक्ष} \cdot \frac{(क्ष+तोक्ष)^२ - क्ष^२}{क्ष^२(क्ष+तोक्ष)^२}$$

$$= -\underset{तोक्ष \to ०}{\text{सी.}} \frac{१}{तोक्ष} \cdot \frac{२तोक्ष(क्ष+तोक्ष)}{क्ष^२(क्ष+तोक्ष)^२}$$

$$= -\underset{तोक्ष \to ०}{\text{सी.}} \frac{२}{क्ष^२(क्ष+तोक्ष)}$$

$$= -\frac{२}{क्ष^३} ।$$

(४) बताओ कि वक्र $य^२ + र = १$ के किन बिन्दुओं पर $\frac{तार}{ताय}$ = स्पज्या ६०°।

हमें हस्तगत है :—$र = १ - य^२$

$$\therefore \frac{तार}{ताय} = -२ य^*$$

अतः, इस स्थिति में, $-२ य = $ स्पज्या $६०° = \sqrt{३}$

$\therefore य = -\frac{\sqrt{३}}{२}$ और $र = \frac{१}{४}$ ।

अतः अभीष्ट बिन्दु $\left(-\frac{\sqrt{३}}{२}, \frac{१}{४}\right)$ है।

प्रश्नमाला ५

निम्नलिखित का $\frac{तार}{ताय}$ ज्ञात करो—

१. $र = २ य + ३$ ।　　२. $र = पय + फ$ ।

३. $र = \frac{१}{य}$ ।　　४. $र = कय^२ + ख$ ।

५. $र = क - \frac{१}{३य^३}$　　६. $र = \sqrt{य^२ - क^२} + ख$

७. $र = (क - खय)^२$ ।　　८. $र = लघु\sqrt{य}$ ।

९. यदि $दू = क स^२ + २ ख स + ग$, तो $\frac{तादू}{तास}$ ज्ञात करो ।

---

* हम इसको विद्यार्थी के लिये प्रश्न के रूप में छोड़े देते हैं। इस अध्याय के बहुत से आगामी उदाहरणों में भी हम ऐसा ही करेंगे।

१०. यदि क्ष $=$ थ^{२}व^{३} $+$ द, तो दर्शाओ कि $\frac{\text{ताक्ष}}{\text{ताव}} = ३$ थ^{२} व^{२}।

११. ज्ञात करो कि य के किस मान के लिये र $=$ क^{२} $-$ य^{२} का

$\frac{\text{तार}}{\text{ताय}}$ (i) २, (ii) ० होगा ?

१२. वक्र र^{२} $=$ ४ क य के किस बिंदु के लिये $\frac{\text{तार}}{\text{ताय}}$ अनंत है ?

१३. ज्ञात करो कि वक्र $\frac{\text{य}^{२}}{\text{क}^{२}} + \frac{\text{र}^{२}}{\text{ख}^{२}} = १$ के किस बिंदु के लिये

$\frac{\text{तार}}{\text{ताय}} \frac{\text{ख}}{\text{क}} \sqrt{२}$ होगा।

१४. प्राथमिक सिद्धान्तों से

(क) ज्या २ य (बनारस १९४६)

और (ख) इ$^{-\text{य}}$

का अवकलन करो। (बनारस १९४१)

१४. ज्यामितीय अर्थ :—

मान लो कि

$$\text{र} = \text{फ (य)}$$

एक वक्र का खा का समीकरण है और या उस पर एक निश्चित बिंदु (य, र) है। मान लो कि फा वक्र पर दूसरा बिंदु (य$+$वो स, र$+$तो र) है।

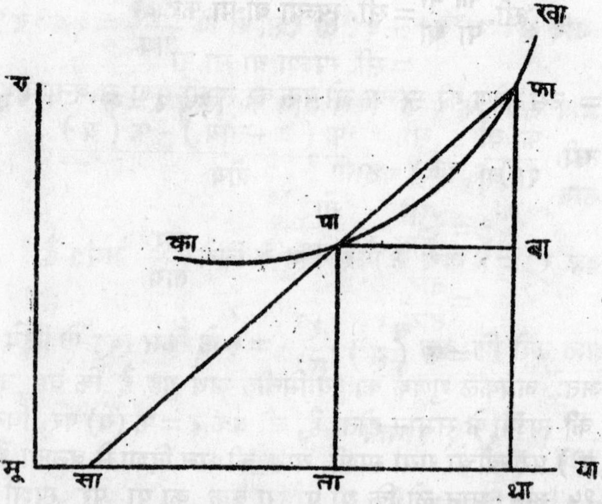

चित्र नं० ३

तब चित्र ३ में—

मू ता = य
मू था = य + तोय
त था = तोय

ता पा = फ (य) = र।
और था फा = फ (य + तोय) = र + तोर।
फा बा = फ (य + तोय) − फ(य) = तोर।

$$\text{अतः}\ \frac{\text{फा बा}}{\text{ता था}} = \frac{\text{फ (य + तोय)} - \text{फ(य)}}{\text{तोय}}$$

$$= \frac{\text{तोर}}{\text{तोय}}\text{।}$$

अब, मान लो कि फा वक्र पर तब तक या की ओर यात्रा करता है जब तक वह पा के अत्यंत समीप नहीं पहुँच जाता। चरम स्थिति में छेदक पा फा वक्र का, बिंदु पा पर, स्पर्शी हो जाता है। और

$$\text{सी.}\ \frac{\text{फा बा}}{\text{पा बा}} = \text{सी. स्पज्या बा पा फा}$$

$$= \text{सी. स्पज्या या सा पा}$$

= उस कोण की स्पज्या जो वक्र का स्पर्शी मूया से बनाता है।

$$\text{फिर, सी.}\ \frac{\text{फा बा}}{\text{पा बा}} = \underset{\text{तोय}\to 0}{\text{सी.}}\ \frac{\text{फ (य + तोय) − फ (य)}}{\text{बोय}}$$

$$= \underset{\text{तोय}\to 0}{\text{सी.}}\ \frac{\text{तोर}}{\text{तोय}}$$

$$= \frac{\text{तार}}{\text{ताय}}$$

$$= \text{फ}'\ (\text{य})\text{।}$$

अतः, अवकल गुणक का ज्यामितीय अर्थ यह है कि वह उस कोण की स्पज्या के समान होता है, जो वक्र र = फ (य) पर, बिन्दु (य, र) पर खींचा गया स्पर्शी, याक्ष की धन दिशा से बनाता है।

१५. अब, मान लो कि था पा सा वक्र का पा पर स्पर्शी है और मूया से सा में मिलता है।

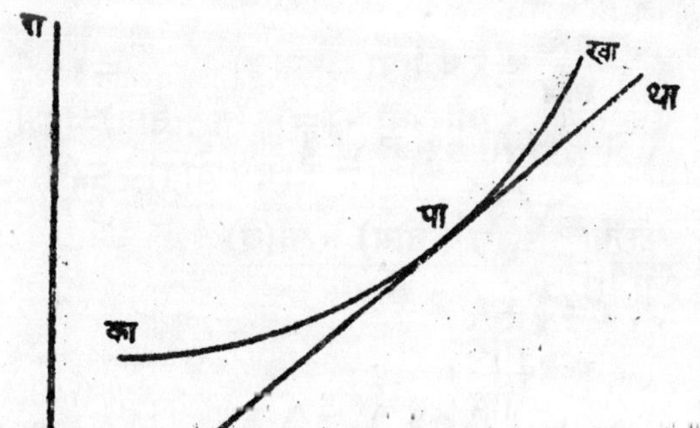

चित्र नं० ५

तब, स्पज्या या सा पा $= \frac{\text{तार}}{\text{ताय}}$

$= \text{फ}'(\text{य})$ ।

अतः, वक्र र = फ (य) के बिंदु पा पर खींचें गये स्पर्शी का समीकरण

$$\text{ग} - \text{र} = \frac{\text{तार}}{\text{ताय}} (\text{या} - \text{य})$$

है, जिसमें या, रा स्पर्शी के किसी भी बिंदु के चालू नियामक हैं।

कोण या सा पा को साधारणतः झ द्वारा निरूपित करते हैं।

१६. प्रतिपन्न प्रश्न :—

(१) वक्र र = य^२ + २ पर स्थित वह बिंदु ज्ञात करो जिसका स्पर्शी याक्ष की धन दिशा से ६०° का कोण बनाता है।

यहाँ, र = य^२ + २

$\therefore \frac{\text{तार}}{\text{ताय}} = २\text{य}$ ।

यदि २ य = स्पज्या ६०° = $\sqrt{३}$

तो य = $\frac{\sqrt{३}}{२}$ ।

$\therefore$ र = $\frac{३}{४}$ + २

= २$\frac{३}{४}$ ।

अतः अभीष्ट बिंदु $\left(\frac{\sqrt{३}}{२}, २\frac{३}{४}\right)$ है।

(२) दर्शाओ कि वक्र र = ३ य^३ + य के उस बिंदु का ढाल २ है, जिसका य = $\frac{१}{३}$, है। वहाँ डाले गये स्पर्शी का समीकरण ज्ञात करो।

$$र = ३य^३ + य$$

$$\therefore \frac{तार}{ताय} = ९य^२ + १$$

$\therefore$ उस बिंदु पर, जहाँ $य = \frac{१}{३}$ है, $\frac{तार}{ताय}$ २ है। और जब $य = \frac{१}{३}$, तब $र = \frac{४}{९}$.

अतः, बिंदु $(\frac{१}{३}, \frac{४}{९})$ पर खींचे गये स्पर्शी का समीकरण

$$र - \frac{४}{९} = २ (य - \frac{१}{३})$$

अर्थात् १८ य − ९ र = २ है।

प्रश्नमाला ६

निम्नलिखित वक्रों के बिन्दु (य, र) पर खींचे गये स्पर्शी का समीकरण ज्ञात करो—

१. $र = \sqrt{य} + ३$ ।　　२. $र = इ^{य}$ ।

३. र = कोज्या य ।　　४. $य^२ र = १$ ।

५. $य^२ - र^२ = के^२$ ।　　६. $\frac{य^२}{क^२} - \frac{र^२}{ख^२} = १$ ।

७. (i) $\frac{य^२}{क^२} + \frac{र^२}{ख^२} = १$;　　(ii) $र = स्पज्या^{-१} य$ ।

(बनारस १९४०) ।

८. वक्र $य = \sqrt{३} (य^२ - र + १)$ पर स्थित वह बिन्दु ज्ञात करो जिसका स्पर्शी य − अक्ष की धन दिशा से १५०° का कोण बनाता है। उस बिन्दु के स्पर्शी का समीकरण भी ज्ञात करो।

९. वक्र य र + ४ = ० पर उन बिन्दुओं का पता लगाओ जिन पर $ज्ञ = ४५^\circ$ । बिन्दुओं के स्पर्शियों के समीकरण ज्ञात करो।

१०. परवलय $र^2 = ४ य$ के बिन्दु (४, ४) के स्पर्शी का समीकरण ज्ञात करो।

११. दिखाओ कि वक्र $र = य^2$ और $र = य^3$, मूलबिन्दु तथा बिन्दु (१, १) पर परस्पर काटते हैं और पिछले बिन्दु पर खींचे गये स्पर्शियों का मध्यस्थ कोण स्पज्या $^{-1}\frac{१}{७}$ है।

१७. दर मापक

हम § ११ में देख चुके हैं कि यदि य में अल्प वृद्धि तोय की जाय तो र की संगत वृद्धि और तोय की निष्पत्ति को $\frac{तोर}{तोय}$ निरूपित करता है। यदि जैसे-जैसे य बढ़ता है, वैसे-वैसे र भी बढ़ता है, तो तोय एवं तोर दोनों धनात्मक होते हैं और निष्पत्ति भी धनात्मक होती है। परन्तु यदि य की वृद्धि के साथ-साथ र घटता है तो जब तोय धनात्मक होता है, तोर ऋणात्मक होता है, अतः निष्पत्ति ऋणात्मक होती है।

अब सीमा

$$\underset{तोय \to ०}{सी.} \frac{तोर}{तोय} = \frac{तार}{ताय} ।$$

पर विचार करो।

इस प्रकार $\frac{तार}{ताय}$ उस दर का मापक है जिससे र बढ़ता है, जब य में अत्यल्प वृद्धि की जाती है। यदि य तथा र साथ-साथ बढ़ते हैं, तो $\frac{तार}{ताय}$ + होता है। यदि य के बढ़ने से र घटता है, तो $\frac{तार}{ताय}$ − होता है। इस प्रकार हम देखते हैं कि—

जब य बढ़ता है, तो

(क) यदि र′ + है, तब र बढ़ता है;

(ख) यदि र′ − है, तब र घटता है।

१८. अब एक बार पुनः चित्र ३ की ओर ध्यान दो। $\frac{\text{तोर}}{\text{तोय}}$ निष्पत्ति $\frac{\text{फाबा}}{\text{पाबा}}$ अथवा स्पज्या फा पा बा को निरूपित करता है। यदि जैसा चित्र में दिया है, फाबा तथा पाबा दोनों + हैं, तो निष्पत्ति भी + है। परन्तु यदि, य में अल्प वृद्धि होने से, र में संगत घटती होती है, तो फाबा − होगा, जब पाबा + हो। यह चित्र ५ में दर्शाया गया है, जहाँ र का अन्तिम मान, फा था, उसके प्रारंभिक मान पाता से कम है। यहाँ एक बात ध्यान देने योग्य है : वह यह कि हमें इस बात से कोई सरोकार नहीं कि र + है अथवा −; हमें सरोकार केवल इस बात से है कि तोर + है

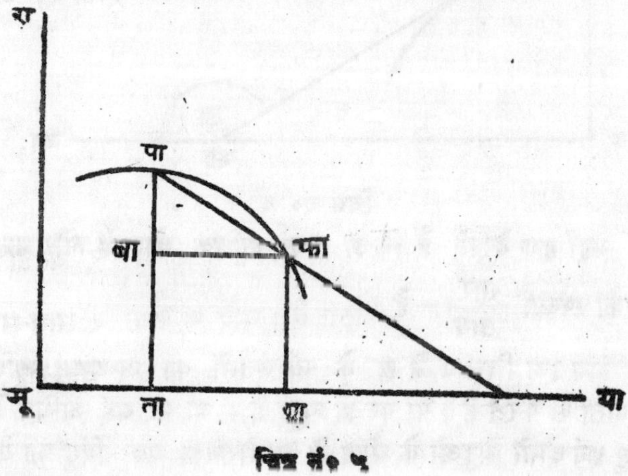

चित्र नं० ५

अथवा - । इस प्रकार, ऊपर के चित्र में, र फा पर + रहता है, परंतु फा पर फाथा के रूप में इसका मान पा पर इसके मान पाता से कम है, और र में की गई वृद्धि ताय - है ।

१९. अब, चित्र ३ में, मान लो कि फा पा तक चलता है और उससे एकांगी हो जाता है । ऐसी दशा में छेदक पाफा, पा पर स्पर्शी हो जाता है और कोण फापाबा कोण ज्ञ हो जाता है (चित्र ४ देखो) । हम देखते हैं कि ज्ञ एक न्यून कोण है, इसलिये इसकी स्पज्या + है । इस प्रकार चित्र ४ में $\frac{\text{तार}}{\text{ताय}}$ + है ।

परंतु जब फा, पा तक चल कर उससे एकांगी हो जाता है तो चित्र ५ का ऐसा रूप हो जाता है जैसा चित्र ६ में दिया गया है ।

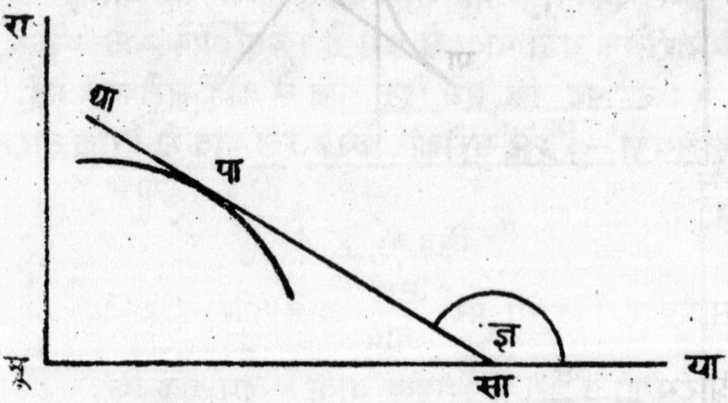

चित्र नं० ६

यहाँ हम देखते हैं कि ज्ञ एक अधिक कोण है और फलतः इसकी स्पज्या $\frac{\text{तार}}{\text{ताय}}$ - है ।

अब हम चित्र ७ में ज्ञ के परिवर्तनों का अध्ययन अधिक सूक्ष्मता से करते हैं । पा पर ज्ञ न्यून है । बा पर यह अधिक है । परंतु इन दोनों बिंदुओं के बीच में साधारणतः एक बिंदु फा ऐसा

होगा जिसके लिये ज्ञ एक समकोण होगा। बा के बाद भी ज्ञ तब तक बढ़ता जा सकता है जब तक कि भा बिंदु पर वह एक ऋजु कोण नहीं हो जाता। इसके विपरीत, यदि हम वक्र का निरीक्षण भा बा फा पा के आगे भी करें तो एक बिंदु था ऐसा भी मिल सकता है जिस पर ज्ञ = ० हो।

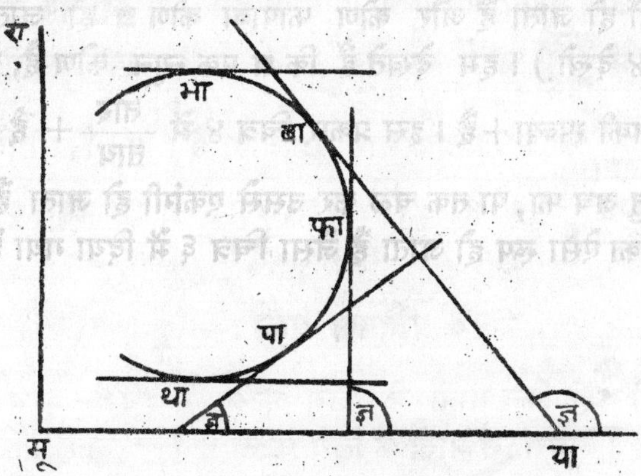

चित्र नं० ७

इस प्रकार, बिंदु था पर $\frac{\text{तार}}{\text{ताय}}$ ० है और इस बिंदु से यह बढ़ना प्रारंभ होता है। यह बढ़ता जाता है जब तक कि यह बिंदु फा तक नहीं पहुँचता, जहाँ वक्र का स्पर्शी मूया पर लंब है, और वहाँ यह ∞ हो जाता है। फा के तुरंत पूर्व से, फा के तुरंत बाद तक यह + ∞ से − ∞ को कूद जाता है, और − ∞ से तब तक बढ़ता जाता है जब तक बिंदु भा पर, जहाँ वक्र का स्पर्शी मूया के समानांतर है, यह पुनः ० नहीं हो जाता।

टिप्पणी—१। हम देख चुके हैं कि फ' (य) फ (य) की वृद्धि की तेज़ी का मापक है। यह केवल भिन्न-भिन्न फलनों के लिये

ही नहीं वरन् एक ही फलन के लिये, य के मान के अनुसार, बदलता रहता है। इस प्रकार, चित्र ७ में एक ही वक्र पा फा बा भा में, यह पा पर + है और बा पर – ।

टिप्पणी—२। किसी फलन के सम्बन्ध में "बढ़ती" तथा "घटती" का अर्थ उसकी संख्यात्मक बढ़ती अथवा घटती नहीं, वरन् बीजीय बढ़ती अथवा घटती होता है। हम कह चुके हैं कि चित्र ७ में $\frac{\text{तार}}{\text{ताय}}$, फा से भा तक, $-\infty$ से ० तक 'बढ़ता' है, यद्यपि $\frac{\text{तार}}{\text{ताय}}$ का संख्यात्मक मान घट जाता है। यदि किसी पिण्ड का तापक्रम -२०° से -१०° में बदलता है तो हम कहते हैं कि वह -२०° से -१०° तक 'बढ़ गया' है।

२० प्रतिपन्न प्रश्न :—

(१) य के किन मानों के लिये फलन $\text{र} = \text{य}^२ - ३\,\text{य} + २$ बढ़ता है? और किन मानों के लिये घटता है?

इस प्रश्न में $\frac{\text{तार}}{\text{ताय}} = २\,\text{य} - ३$

यदि $\frac{\text{तार}}{\text{ताय}} > ०$ तो य की बढ़ती के साथ र भी बढ़ता है।

यदि $\frac{\text{तार}}{\text{ताय}} < ०$ तो य की बढ़ती के साथ र घटता है।

$\therefore$ जब य $> \frac{३}{२}$, तो र बढ़ता है; और जब य $< \frac{३}{२}$ तो र घटता है।

(२) दिखाओ कि य के सब धन मानों के लिये फलन

$$\text{फ}(\text{य}) = २\,\text{य} - \text{लघु}\,(१ + \text{य})$$

धनात्मक है।

यहाँ, फ (०) = ०

और, फ′ (य)

$$= \lim_{टि \to ०} \frac{२ य + २ टि - लघु (१ + य + टि) - \{ २ य - लघु (१ + य) \}}{टि}$$

$$= \lim_{टि \to ०} \frac{१}{टि} \left\{ २ टि - लघु \frac{१ + य + टि}{१ + य} \right\}$$

$$= \lim_{टि \to ०} \left\{ २ - \frac{१}{टि} लघु \left(१ + \frac{टि}{१ + य} \right) \right\}$$

$$= \lim_{टि \to ०} \left[२ - \frac{१}{टि} \left\{ \frac{टि}{१ + य} - \frac{टि^२}{२ (१ + य)^२} + \ldots\ldots \right\} \right]$$

$$= २ - \frac{१}{१ + य}$$

$$= \frac{२ य + १}{१ + य} ।$$

अतएव य के सब धन मानों के लिये फ′ (य) धनात्मक है। इसलिये, जैसे-जैसे य ० से ∞ तक बढ़ता है, वैसे-वैसे फ (य) भी बढ़ता जाता है। अतः, चूँकि फ (०) = ० और फ (य) सदा वृद्धिमय है, यह फल निकलता है कि फ (य) य के सब धन मानों के लिये धनात्मक है। ❀

(३) यदि त्रि त्रिज्या वाले एक वृत्त का क्षेत्रफल क्षे हो तो दर्शाओ कि उसकी परिधि $\frac{ता\ क्षे}{ता\ त्रि}$ है।

यहाँ, क्षे $= \pi$ त्रि^{२} ।

$$\therefore \frac{ता\ क्षे}{ता\ त्रि} = \lim_{टि \to ०} \frac{\pi (त्रि + टि)^२ - \pi त्रि^२}{टि}$$

❀ यहाँ यह मान लिया गया है कि फ (य) सतत है।

$$= \underset{\text{टि}\to 0}{\text{सी.}} \frac{2\pi\,\text{त्रि टि} + \pi\,\text{टि}^2}{\text{टि}}$$

$$= \pi \underset{\text{टि}\to 0}{\text{सी.}} (2\,\text{त्रि} + \text{टि})$$

$$= 2\pi\,\text{त्रि}$$

= परिधि।

इसका अर्थ यह है कि यदि किसी रीति से वृत्त धीरे-धीरे बढ़ता जाय, तो क्षेत्रफल में वृद्धि, त्रिज्या की वृद्धि की २ π त्रिगुनी होगी। अर्थात्, क्षेत्रफल की वृद्धि उस आयत का क्षेत्रफल होगी, जिसकी एक भुजा वर्तमान परिधि तथा दूसरी वृत्त की त्रिज्या की अल्प वृद्धि है।

प्रश्नमाला ७

१. निश्चय करो कि निम्नलिखित वक्रों के किन बिंदुओं पर स्पर्शी क्षैतिज (अर्थात् याक्ष के समानांतर) होगा—

(i) $\text{र} = \text{य}^3 - 3\,\text{य}^2 + 2$ ।

(ii) $\text{र} = 2\,\text{य}^2 + 4\,\text{य} - 2$ ।

२. निश्चय करो कि निम्नलिखित वक्रों के किन बिंदुओं पर स्पर्शी उदग्र होगा—

(i) $\text{र} = \sqrt{\text{य} + 2}$ ।

(ii) $\text{र} = \sqrt{\text{य}^2 - \text{क}^2}$ ।

३. य के किन मानों के लिये निम्नलिखित फलन वृद्धिमय है?—

(i) $\text{र} = \text{य}^2 - 10\,\text{य} + 8$ ।

(ii) $6\,\text{र} = 2\,\text{य}^3 - 9\,\text{य}^2 + 12\,\text{य} + \text{क}$ ।

४. ज्ञात करो कि वृत्त $य^२+र^२=क^२$ के किन बिंदुओं के स्पर्शी अक्षों से समान अंतः खण्ड काटते हैं।

(हमें स्पर्श्या ज्ञ = १ लेना होगा)।

५. ज्ञात करो कि वक्र $र=२ य^२ - ३ य$ के किस स्थान पर कोटि उसी दर से बढ़ती है जिस दर से भुज, और कहाँ पर वह भुज की वृद्धि की दर से ७-गुनी दर से घटती है।

६. वक्र $२ य+र=२^{\frac{१}{३}}$ में दिखाओ कि कोटि भुज की बढ़ती की दर की दुगुनी दर से घटती है।

७. किसी गोले का घनफल एक अचल दर से बढ़ रहा है; सिद्ध करो कि पृष्ठ की बढ़ती त्रिज्या की लंबाई की उत्क्रमानुपाती है।

८. दिखाओ कि फलन $(य - १) इ^{य} + १$, य के सब धन मानों के लिये धनात्मक है।

९. फलन के सिद्धान्तों का प्रयोग करके यह निश्चय करो कि दीर्घवृत्त।

$$\frac{य^२}{क^२}+\frac{र^२}{ख^२}=१$$

के स्पर्शी किस स्थान पर याक्ष के समानांतर होंगे और कहाँ पर उस पर $\perp$ होंगे।

१०. वक्र ५ गर $=य^२+२$ कय पर स्थित वह बिन्दु ज्ञात करो जिस का स्पर्शी याक्ष के समानांतर है।

११. वक्र $र=इ^{य}$ के उस बिन्दु के स्पर्शी का समीकरण लिखो जिस पर यह वक्र राक्ष को काटता है।

२१. उत्तरोत्तर अवकलनः—

हम देख चुके हैं कि $\frac{तार}{ताय}$ स्वयं भी य का एक फलन है। हम

इस फलन का अवकलन फिर कर सकते हैं और $\frac{ता}{ताय}\left(\frac{तार}{ताय}\right)$ प्राप्त कर सकते हैं। यह र का द्वितीय अवकल गुणक कहलाता है। इसे निम्नलिखित चिह्नों से निरूपित करते हैं—

$$\frac{ता^{२}र}{ताय^{२}}, ता_{य}^{२} र, र'', र_{२}, फ''(य), \frac{ता^{२}}{ताय^{२}} फ (य)।$$

इसी प्रकार, हम अवकलन द्वारा तृतीय, चतुर्थ,........., सं-वां अवकल-गुणक प्राप्त कर सकते हैं। इन्हें लिखने का ढंग

$$\frac{ता^{३}य}{ताय^{३}}, \frac{ता^{४}थ}{ताय^{४}}, \ldots\ldots\ldots\ldots, \frac{ता^{सं}य}{ताय^{सं}} \text{ है।}$$

२२. ज्यामितीय अर्थः—

चित्र नं० ८

हम देख चुके हैं कि स्पर्ज्या ज्ञ $= \frac{तार}{ताय}$।

मान लो कि र=फ (य) एक वक्र है जो ऊपर की ओर नतोदर है, अर्थात्, वक्र के ऊपर की ओर स्थित किसी मनुष्य की दृष्टि में नतोदर है। एक चंचल बिन्दु पा के स्पर्शी पर विचार करो। कल्पना करो कि यह स्पर्शी चारों ओर घूम कर वक्र की सृष्टि करता है। पा पर झ एक अधिक कोण है, अतः स्पज्या झ — है। जैसे-जैसे हम फा और बा की ओर अग्रसर होते हैं, स्पज्या झ अर्थात् $\frac{\text{तार}}{\text{ताय}}$ बीजतः बढ़ता जाता है – ऋणात्मक राशि से ० होता है, फिर ० से धनात्मक राशि हो जाता है, क्योंकि इस काल में झ अधिक कोण से न्यून कोण में परिणत हो जाता है। अतः, एक वक्र में, जो ऊपर की ओर नतोदर है, जैसे २ स्पर्शी घड़ी की विपरीत दिशा में घूमता है, स्पर्शी का ढाल अर्थात् $\frac{\text{तार}}{\text{ताय}}$ बढ़ता जाता है।

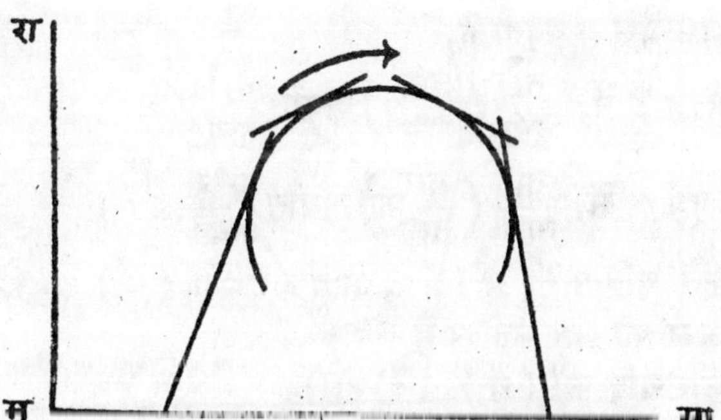

चित्र नं० ९

इसी प्रकार, चित्र ९ से यह भी स्पष्ट हो जायगा कि एक वक्र में, जो नीचे की ओर नतोदर है, स्पर्शी वक्र की सृष्टि करने में

घड़ी की दिशा में घूमता है और स्पर्शी का ढाल घटता जाता है और धनात्मक से ऋणात्मक हो जाता है।

अतः, निष्कर्ष यह है कि :

चित्र ८ में जैसे-जैसे य बढ़ता है, $\frac{\text{तार}}{\text{ताय}}$ बढ़ता है ;

चित्र ९ में जैसे-जैसे य बढ़ता है, $\frac{\text{तार}}{\text{ताय}}$ घटता है।

अब, जैसा कि हम देख चुके हैं, ज्यों-ज्यों य बढ़ता है,

यदि $\frac{\text{तार}}{\text{ताय}} > ०$, तो र बढ़ता है ;

यदि $\frac{\text{तार}}{\text{ताय}} < ०$, तो र घटता है।

परन्तु इस स्थिति में हम र के बदले फलन $\frac{\text{तार}}{\text{ताय}}$ पर विचार कर रहे हैं। अतः हमें, यह फल प्राप्त हुआ कि

जैसे-जैसे य बढ़ता है,

चित्र ८ में, $\frac{\text{ता}}{\text{ताय}}\left(\frac{\text{तार}}{\text{ताय}}\right)$ अर्थात् $\frac{\text{ता}^२\text{र}}{\text{ताय}^२} > ०$;

चित्र ९ में, $\frac{\text{ता}}{\text{ताय}}\left(\frac{\text{तार}}{\text{ताय}}\right)$ अर्थात् $\frac{\text{ता}^२\text{र}}{\text{ताय}^२} < ०$।

अतः यदि फ″ (य) > ०, तो वक्र र = फ (य)
ऊपर की ओर नतोदर है।

और यदि फ″ (य) < ०, तो वक्र
नीचे की ओर नतोदर है।

२३. प्रतिपन्न प्रश्न

किन अन्तरालों में वक्र २ र = य^३ − ६ य^२ + २

(१) ऊपर की ओर नतोदर (२) नीचे की ओर नतोदर हैं ?

हमें हस्तगत है : $र = \frac{१}{२} य^३ - ३ य^२ + १,$

$$र_१ = \frac{१}{२} (३ य^२ - १२ य)$$

और $$र_२ = ३ (य - २)।$$

अत:,

जब $य > २$, तो वक्र ऊपर की ओर नतोदर है ;

और, जब $य < २$, तो वक्र नीचे की ओर नतोदर है।

२४. हम यहाँ कुछ मिश्रित उदाहरण देते हैं।

(१) एक गोले की त्रिज्या त्रि नापने में एक छोटी सी त्रुटि तोत्रि हो गई है। गोले का घनफल निकालने में संगत त्रुटि कितनी होगी ? यदि त्रिज्या १०" है और इसमें ·२" की त्रुटि है तो दर्शाओ कि घनफल में ८० π वर्ग इञ्च की त्रुटि होगी।

मान लो कि गोले का घनफल घ है और त्रिज्या की त्रुटि के कारण उसमें तोघ की त्रुटि है। तो—

$$घ = \frac{४}{३} \pi त्रि^३,$$

$$घ + तोघ = \frac{४}{३} \pi \ (त्रि + तोत्रि)^३$$

$$\therefore तोघ = \frac{४}{३} \pi \{ (त्रि + तोत्रि)^३ - त्रि^३ \}$$

$$= \frac{४}{३} \pi \{ ३ त्रि^२ (तोत्रि) + ३ \ त्रि \ (तोत्रि)^२ + (तोत्रि)^३ \}$$

$$\therefore \frac{तोघ}{तोत्रि} = ४ \pi त्रि^२ + ४ \pi त्रि (तोत्रि) + \frac{४}{३} \pi (तोत्रि)^२ ।$$

हमें तो केवल निष्पत्ति $\frac{तोघ}{तोत्र}$ से ही सरोकार है।

चूँकि तोत्रि एक अल्प राशि है, अत: तोत्रि और $(तोत्रि)^२$ को छोड़ देने से हमें हस्तगत है—

$$\frac{तोघ}{तोत्रि} = ४ \pi त्रि^२ \text{ अर्थात् } तोघ = ४ \pi त्रि^२ तोत्रि \text{ (लगभग)।}$$

अब, $त्रि = १०''$ और $तोत्रि = ·२''$

$\therefore$ $तोघ = ४\pi(१०)^२(·२)$ वर्ग इञ्च

$= ८०\pi$ वर्ग इञ्च।

(२) १८′ लम्बी एक सीढ़ी एक उदग्र दीवार के सहारे खड़ी है। ६″ प्रति सेकिण्ड की एकरूप गति से उसका पैर दीवार से दूर खींचा जा रहा है। यदि दीवार से पैर की दूरी ९′ है तो बताओ कि सीढ़ी की चोटी किस चाल से दीवार पर खिसक रही है।

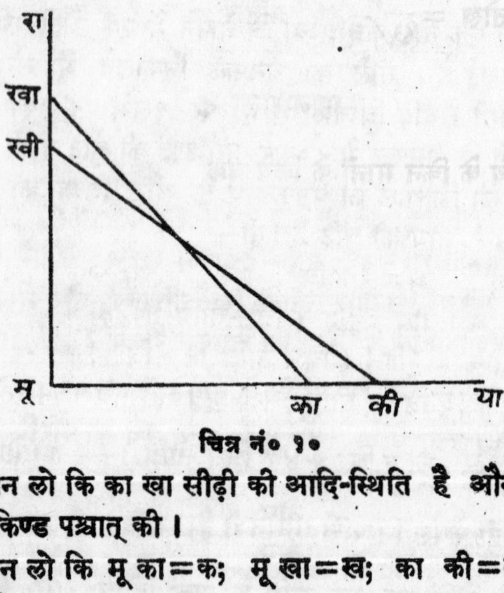

चित्र नं० १०

मान लो कि का खा सीढ़ी की आदि-स्थिति है और की खी एक सेकिण्ड पश्चात् की।

मान लो कि मू का = क; मू खा = ख; का की = तोक; खी खा = तोख।

मान लो कि सीढ़ी की लम्बाई ग है। तो

$$ग^२ = क^२ + ख^२,$$

और $$ग^२ = (क + तोक)^२ + (ख - तोख)^२$$

$\therefore$ ०$=$२ क तोक$+$(तोक)^{२} $-$ २ ख तोख$+$(तोख)^{२} ।

अतः, तोक और तोख के वर्गों को छोड़ देने से, हमें प्राप्त है

$$\text{तोख} = \frac{\text{क}}{\text{ख}}\text{तोक} ।$$

अब क$=$९', का खा$=$१८'

$\therefore$ ख$=$९$\sqrt{३}$'

और तोक$=$६"

$\therefore$ तोख $=\frac{९}{९\sqrt{३}}$ ·६" प्रति से.$=$२$\sqrt{३}$ " प्रति से. ।

प्रश्नमाला ८

१. य के किन मानों के लिये वक्र

(i) ६ र$=$य^{३} $-$३ य^{२}$+$१२

(ii) १२ र$=$य^{४} $-$८ य^{३}$+$१८ य^{२}

(क) ऊपर की ओर नतोदर (ख) नीचे की ओर नतोदर है ?

२. दर्शाओ कि य^{३} $+$ ३ का अवकल गुणक ३ य^{२} है ।

३. एक वृत्त की त्रिज्या त्रि के नापने में एक अल्प त्रुटि तोत्रि हो गई है । दर्शाओ कि इसके फल-स्वरूप वृत्त की परिधि निकालने में २ π तोत्रि की त्रुटि होगी ।

४. एक चौकोर रकाबी गर्माने से फैल रही है । उसकी भुजा, जो १२" की है, ·१" प्रति मिनट के हिसाब से बढ़ रही है । सिद्ध करो कि उसका क्षेत्रफल २·४ वर्ग इञ्च प्रति मिनट की दर से बढ़ रहा है ।

५. एक गोल रकाबी ठण्ढाने से सिकुड़ रही है । उसकी त्रिज्या, जो ६" है, ·०३" प्रति सेकिण्ड के हिसाब से सिकुड़ रही

है। सिद्ध करो कि उसका क्षेत्रफल '३६ π वर्ग इञ्च प्रति सेकिण्ड की दर से घट रहा है।

६. एक गोले की त्रिज्या त्रि नापने में तोत्रि की अल्प त्रुटि हो गई है। दर्शाओ कि इसके फलस्वरूप गोले के पृष्ठ में २ π त्रि तोत्रि की त्रुटि हो जायगी।

यदि त्रिज्या २'५" है और उसके नापने में त्रुटि '०५" है तो दर्शाओ कि पृष्ठ में ४ प्रति सैकड़े की त्रुटि होगी।

७. एक शंकु की ऊँचाई ऊं और त्रिज्या त्रि है। त्रि में अल्प त्रुटि तोत्रि की सम्भावना है। बताओ कि घनफल निकालने में लगभग कितनी त्रुटि की सम्भावना है।

८. दो परस्पर लम्ब सरल रेखायें मू का और मू खा क्रमशः २७" और ३६" की नापी गई हैं। यदि मू का के नाप में '१" की त्रुटि की सम्भावना है तो इन नापों से का खा की लम्बाई निकालने में कितनी त्रुटि की सम्भावना है ?

९. एक छड़ के तापक्रम त° और लम्बाई ल में पारस्परिक सम्बन्ध

$$ल = क\,त^{२} + २\,ख\,त + २$$

है। जब त शून्य था, तब ल = २ था। जब छड़ का तापक्रम त है तब उसकी वृद्धि की दर क्या है ? यदि तापक्रम में अल्प वृद्धि हो तो लम्बाई में संगत वृद्धि कितनी होगी ?

२५. गतिविज्ञान पर प्रयोग—वेग।

जब हम कहते हैं कि एक रेल २२' प्रति से० की चाल से जा रही है तो हमारा तात्पर्य यह होता है कि वह कितनी दूर चली, यह इस बात पर निर्भर है कि वह कितनी देर चली। अर्थात् उसका स्थानान्तर समय का एक फलन है। जैसे, उ परिलिखित उदाहरण में

$$दू = २२ स,$$

जिसमें दू फ़ुटों में नापी गई है और स सेकिण्डों में। दूसरे उदाहरण के लिये, हम एक ऐसे कण की गति का अध्ययन करेंगे जिसका वेग प्रति क्षण बढ़ता जाता है, जैसे एक पिण्ड का वेग जो पृथ्वी की ओर गिर रहा हो।

मान लो कि कण की गति के नियम का सूत्र

$$दू = ८ स^{२}$$

है।

आरम्भ के १ सेकिण्ड पश्चात् का स्थानान्तर

$$दू = ८$$

है।

इसके $\frac{१}{१०}$ सेकिण्ड बाद, अर्थात् आरम्भ के $१\frac{१}{१०}$ सेकिण्ड पश्चात्

$$दू' = ८ \left(\frac{११}{१०}\right)^{२} = \frac{२४२}{२५} ।$$

अतः विचाराधीन $\frac{१}{१०}$ से० का औसत वेग

$$\frac{दू' - दू}{\frac{१}{१०}} = \frac{\frac{२४२}{२५} - ८}{\frac{१}{१०}} = १६\tfrac{४}{५} \text{ फ़िट प्रति से०}$$

हुआ। परन्तु इस $\frac{१}{१०}$ से० में वेग सदैव समान नहीं रहा है। इस समय के आरम्भ में वेग इस औसत वेग से कुछ कम रहा होगा और अन्त में कुछ अधिक। अतः इस से सूक्ष्मतर उपनयन करने के लिये पहिले सेकिण्ड के पश्चात् के $\frac{१}{१०}$ से० के बदले $\frac{१}{१००}$ से० पर विचार करना चाहिये।

$$दू'' = ८ \left(\frac{१०१}{१००}\right)^{२} = \frac{१०२०१}{१२५०}$$

अतएव इस $\frac{१}{१००}$ से० का औसत वेग

$$\frac{दू'' - दू}{\frac{१}{१००}} = \frac{\frac{१०२०१}{१२५०} - ८}{\frac{१}{१००}} = १६\tfrac{२}{२५}' \text{ प्रति से०}$$

हुआ। परन्तु इस $\frac{१}{१००}$ से० में भी वेग सदैव एक सा नहीं रहा है। इस समय के आदि में इस औसत वेग से कुछ कम रहा होगा और अन्त में कुछ अधिक। इस से भी अधिक सूक्ष्म उपनयन के लिये हम $\frac{१}{१००}$ से० के बदले $\frac{१}{१०००}$ से० पर विचार कर सकते हैं। परन्तु क्या हम इस अल्प और अल्पतर अन्तर्धियों से सूक्ष्म और सूक्ष्मतर उपनयन निकालने की थकाऊ क्रिया से कभी पिण्ड नहीं छुड़ा सकते? चलन कलन इस प्रश्न का उत्तर देता है।

मान लो कि आरम्भ से स समय पश्चात् तोस एक अल्प अन्तर्धि है। मान लो कि इस अल्प समय में कण का स्थानान्तर तोदू है। तो हमें हस्तगत है

$$\text{दू} = ८\,\text{स}^२,$$

$$\text{दू} + \text{तोदू} = ८\,(\,\text{स} + \text{तोस}\,)^२$$

$$\therefore \text{तोदू} = ८\{(\text{स}+\text{तोस})^२ - \text{स}^२\} = १६\,\text{स}\,\text{तोस} + ८(\text{तोस})^२$$

अतः अन्तर्धि तोस का औसत वेग

$$\frac{\text{तोदू}}{\text{तोस}} = १६\,\text{स} + ८\,\text{तोस}$$

हुआ। अब मान लो कि समय तोस अत्यल्प होगया। तो सीमा में हमें हस्तगत हुआ

$$\text{औसत वेग} = \underset{\text{तोस}\to ०}{\text{सी०}} \frac{\text{तोदू}}{\text{तोस}} = १६\,\text{स}\,।$$

अब, व्यापक शब्दों में, मान लो कि गति का नियम

$$\text{दू} = \text{फ}\,(\text{स})$$

है। तो आरम्भ से स + तोस समय में स्थानान्तर

$$दू + तोदू = फ (स + तोस)$$

हुआ।

$$\therefore \frac{तोदू}{तोस} = \frac{फ (स + तोस) - फ (स)}{तोस}$$

$$\therefore औसत \ वेग = \underset{तोस \to ०}{सी.} \frac{तोदू}{तोस}$$

$$= \underset{तोस \to ०}{सी.} \frac{फ (स + तोस) - फ (स)}{तोस} = फ' (स)।$$

अतएव किसी क्षण का औसत वेग स्थानान्तर का समय के प्रति अवकल गुणक, अर्थात् $\frac{तादू}{तास}$, होता है।

२६. प्रतिपन्न प्रश्न

एक पत्थर की ऊँचाई का सूत्र, जो उदग्रतः फेंका गया है,

$$दू = २१ स - ७ स^२$$

है। ज्ञात करो (क) १ से. पश्चात् उसका वेग क्या होगा (ख) वह कितना ऊँचा जायगा।

(क) हमें प्राप्त है, वेग

$$\frac{तादू}{तास} = २१ - १४ स।$$

स = १ रखने से १ मिनट पश्चात् का वेग

$$\frac{तादू}{तास} = २१ - १४ = ७' \ प्रति \ से.$$

(ख) पत्थर तब तक उड़ता जायगा जब तक उसका वेग शून्य न हो जाय। अतः $\frac{तादू}{तास} = ०$ रखने से हम देखते हैं कि पत्थर $१\frac{१}{२}$ से. पश्चात् रुक जायगा।

और १½ से. में स्थानान्तर
$=२१\left(\frac{३}{२}\right)-७\left(\frac{३}{२}\right)^२=१५\frac{३}{४}'$ ।

२७. हम देख चुके हैं कि $\frac{तादू}{तास}$ समय के हिसाब से दू की वृद्धि का निरूपण करता है। अब मान लो कि विचाराधीन क्षण पर गतिशील कण के चाल्क्ष नियामक य, र हैं। तो $\frac{ताय}{तास}$, $\frac{तार}{तास}$ य, र की वृद्धि की दरें हुई। अर्थात् यह वेग $\frac{तादू}{तास}$ के अक्षों के ॥ विश्लिष्ट भाग हुये।

यदि अल्प समय तोस में य तथा र की वृद्धियाँ तोय और तोर हैं, तो

$$\frac{तार}{ताय}=सी.\ \frac{तोर}{तोय}=\underset{तोस\to ०}{सी.}\ \frac{\frac{तोर}{तोस}}{\frac{तोय}{तोस}}=\frac{\frac{तार}{तास}}{\frac{ताय}{तास}}\ ।$$

अतः, $\frac{तार}{ताय}$ र और य के परिवर्तन की दरों की निष्पत्ति को निरूपित करता है।

२८. अवकल गुणक $\frac{तादू}{तास}$ स्वयम् भी स का एक फलन है। और जैसे $\frac{तादू}{तास}$ स के अनुसार दू की वृद्धि की दर को निरूपित करता है, उसी प्रकार $\frac{ता}{तास}\left(\frac{तादू}{तास}\right)$ अर्थात् $\frac{ता^२दू}{तास^२}$ स के अनुसार $\frac{तादू}{तास}$ की वृद्धि की दर अर्थात् गतिवृद्धि का निरूपण करता है। यदि

समय के साथ वेग बढ़ता है तो यह धनात्मक है; यदि घटता है तो यह ऋणात्मक है और गति-ह्रास कहलाता है।

२९. प्रतिपन्न प्रश्न

एक कण इस प्रकार चलता है कि उसका स्थानान्तर समय के वर्ग का अनुक्रमानुपाती है। सिद्ध करो कि उसका वेग समय के अनुक्रमतः विचरता है और उसकी गति-वृद्धि अचल है।

मान लो कि दू = ण $स^2$,

तो वेग $\frac{ता दू}{ता स} = २ ण स \propto स$,

और गति-वृद्धि $\frac{ता^2 दू}{ता स^2} = २ ण =$ अचल।

प्रश्नमाला ९

१. एक वायुयान स सेकिण्ड में (५ स + ६ $स^2$) फिट उड़ता है। ३ मिनट उड़ने के पश्चात् उसका वेग क्या होगा?

२. एक पत्थर जिसकी गति का सूत्र

दू = ४८ स − ३ $स^2$

है, वायु में उड़ रहा है। ज्ञात करो कि

(१) २ से० के बाद उसका वेग क्या होगा,

(२) वह कितनी देर तक उड़ता रहेगा,

(३) वह कितनी ऊँचाई तक उड़ेगा।

३. एक वायुयान स से० में (३ $स^2$ + २ स) फिट उड़ता है। ५ मिनट उड़ने के पश्चात् उसका वेग क्या होगा?

४. एक कण इस प्रकार चलता है कि उसका स्थानान्तर समय के घन का अनुक्रमानुपाती है। दर्शाओ कि किसी भी क्षण उसका वेग समय के वर्ग के अनुक्रमतः विचरता है और उसकी गतिवृद्धि समय की अनुक्रमानुपाती है।

५. एक वायुयान जिसके अंजन बन्द कर दिये गये थे, क्षैतिजतः उड़ते हुये थोड़ी थोड़ी देर पश्चात् कई बार देखा गया। जब वर्गपत्र पर वेग के व्युत्क्रम का समय के समक्ष अंकन किया गया तो आलेख एक सरल रेखा बन गया। सिद्ध करो कि उसका गतिह्रास वेग के वर्ग का अनुक्रमानुपाती था।

६. यदि दू = वुस − $\frac{१}{२}$ ग स^{२}, तो समय स पर वेग तथा गतिवृद्धि का मान ज्ञात करो।

७. एक कण चलता है। उसकी चाल निम्नलिखित सूत्र द्वारा संचालित होती है—

$$\text{दू} \propto \text{कोज्या ण स},$$

जिसमें ण अचल है। दिखाओ कि गतिह्रास उस कण के मार्ग में एक नियत स्थान से नापी गई दूरी का अनुपाती है।

८. एक बिंदु एक नियत सरल मार्ग में इस प्रकार चलता है कि

$$\text{दू} = \sqrt{\text{स}}\,;$$

दिखाओ कि गतिवृद्धि ऋणात्मक है और वेग के घन के अनुक्रमतः विचरती है।

९. एक कण की गति, जो वायु में उड़ रहा है, सूत्र

$$\text{दू} = \text{६० स} - \text{५ स}^{२}$$

द्वारा संचालित होती है। कलन की विधि से ज्ञात करो:—

(१) उसका वेग जब स = ३,
(२) उसकी महत्तम ऊँचाई,
(३) कितने समय में वह महत्तम ऊँचाई पर पहुँचता है।

(बनारस १९४४)

१०. एक वायुयान आरम्भ से स घण्टों में दू मील उड़ता है जब कि

$$दू = २०० स + ७ स^२ ;$$

तीन घण्टे पश्चात् उसका वेग क्या होगा ?

(बनारस १९४५)

अध्याय ३

नियत रूप

३०. इस अध्याय में हम कुछ प्रारंभिक नियत रूपों का अवकलन करेंगे।

३१. $य^{सं}$।

मान लो कि $श = फ(य) = य^{सं}$।

तब, $फ(य + तोय) = (य + तोय)^{सं}$

$$\therefore \frac{ताश}{ताय} = \underset{तोय \to ०}{सी.} \frac{(य + तोय)^{सं} - य^{सं}}{तोय}$$

$$= \underset{तोय \to ०}{सी.} य^{सं} \frac{\left(१ + \frac{तोय}{य}\right)^{सं} - १}{तोय}$$

चूँकि तोय को अंततः ० होना है, इसलिये हम $\frac{तोय}{य}$ को १ से कम मान सकते हैं। अतः द्विपद प्रमेय का प्रयोग करने पर हमें प्राप्त है

$$\frac{ताश}{ताय} = \underset{तोय \to ०}{सी.} \frac{य^{सं}}{तोय} \left\{ सं \frac{तोय}{य} + \frac{सं(सं - १)}{\underline{|२}} \frac{(तोय)^२}{य^२} \right.$$

$$\left. + \frac{सं(सं - १)(सं - २)}{\underline{|३}} \frac{(तोय)^३}{य^३} + \ldots\ldots \right\}$$

$$= \underset{\text{तोय} \to ०}{\text{सी.}}\ \text{सं य}^{\text{सं}-१} \left\{ १ + \frac{\text{तोय}}{\text{य}} \times (\text{एक संस्तृत श्रेणी}) \right\}$$

$$= \text{सं य}^{\text{सं}-१}$$

अत:, $\frac{\text{त}}{\text{ताय}} (\text{य}^{\text{सं}}) = \text{सं य}^{\text{सं}-१}$ ।

३२. $\text{क}^{\text{य}}$ ।

मान लो कि $\text{श} = \text{फ}(\text{य}) = \text{क}^{\text{य}}$ ।

तो $\text{फ}(\text{य}+\text{टि}) = \text{क}^{\text{य}+\text{टि}}$ ।

$$\therefore \frac{\text{ताश}}{\text{ताय}} = \underset{\text{टि} \to ०}{\text{सी.}} \frac{\text{क}^{\text{य}+\text{टि}} - \text{क}^{\text{य}}}{\text{टि}} = \text{क}^{\text{य}}\ \underset{\text{टि} \to ०}{\text{सी.}} \frac{\text{क}^{\text{टि}} - १}{\text{टि}}$$

$$= \text{क}^{\text{य}}\ \text{लघु}_{\text{इ}}\ \text{क} \qquad (१८)$$

अत: $\frac{\text{ता}}{\text{ताय}} \left(\text{क}^{\text{य}} \right) = \text{क}^{\text{य}}\ \text{लघु}_{\text{इ}}\ \text{क}$ ।

उप-फल—यदि क = इ तो $\text{श} = \text{इ}^{\text{य}}$

और $\frac{\text{ताश}}{\text{ताय}} = \text{इ}^{\text{य}}\ \text{लघु}_{\text{इ}}\ \text{इ} = \text{इ}^{\text{य}}$ ।

३३. $\text{लघु}_{\text{क}}\ \text{य}$ ।

मान लो कि $\text{श} = \text{फ}(\text{य}) = \text{लघु}_{\text{क}}\ \text{य}$ ।

तो $\text{फ}(\text{य}+\text{टि}) = \text{लघु}_{\text{क}}(\text{य}+\text{टि})$ ।

$$\therefore \frac{\text{ताश}}{\text{ताय}} = \underset{\text{टि}\to 0}{\text{सी.}} \frac{\text{लघु}_{\text{क}}(\text{य}+\text{टि}) - \text{लघु}_{\text{क}}\text{य}}{\text{टि}}$$

$$= \underset{\text{टि}\to 0}{\text{सी.}} \frac{1}{\text{टि}} \text{लघु}_{\text{क}}\left(1+\frac{\text{टि}}{\text{य}}\right)$$

मान लो कि $\frac{\text{य}}{\text{टि}} = \text{व}$ । तो $\text{व}\to\infty$ जब $\text{टि}\to 0$ ।

$$\text{अतः } \frac{\text{ताश}}{\text{ताय}} = \underset{\text{व}\to\infty}{\text{सी.}} \frac{\text{व}}{\text{य}} \text{लघु}_{\text{क}}\left(1+\frac{1}{\text{व}}\right)$$

$$= \underset{\text{व}\to\infty}{\text{सी.}} \frac{1}{\text{य}} \text{लघु}_{\text{क}}\left(1+\frac{1}{\text{व}}\right)^{\text{व}} = \frac{1}{\text{य}} \text{लघु}_{\text{क}} \text{इ} \text{ ।} \quad (§८)$$

$$\therefore \frac{\text{ता}}{\text{ताय}}\left(\text{लघु}_{\text{क}} \text{य}\right) = \frac{1}{\text{य}} \text{लघु}_{\text{क}} \text{इ} \text{ ।}$$

उप-फ़ल—यदि $\text{क}=\text{इ}$, $\text{श}=\text{लघु}_{\text{इ}} \text{य}$,

$$\text{और } \frac{\text{ताश}}{\text{ताय}} = \frac{1}{\text{य}} \text{लघु}_{\text{इ}} \text{इ} = \frac{1}{\text{य}} \text{ ।}$$

$$\text{अतः } \frac{\text{ता}}{\text{ताय}}\left(\text{लघु य}\right) = \frac{1}{\text{य}} \text{ ।}$$

प्रश्नमाला १०

१. निम्नलिखित के अवकल गुणक लिखो—

$\text{य}^2, \text{य}^3, \text{य}^9, \sqrt{\text{य}}, \frac{1}{\sqrt{\text{य}}}, \frac{1}{\text{य}^3}, \text{य}^{-\frac{3}{4}}, \frac{1}{\sqrt[3]{\text{य}^2}}$ ।

प्रारम्भिक सिद्धान्तों से अवकलन करो—

२. (१) $\text{लघु}_{\text{ख}} \text{य}$ (२) $\text{क लघु}_{\text{ख}} \text{य}$ ।

३. (१) $\text{इ}^{\text{क य}}$ (२) $\text{ख इ}^{\text{क य}}$ (३) $\text{इ}^{-\text{य}}$ (बनारस १९४१)

निम्नलिखित के अवकल गुणक लिखो—

४. $२^{\text{य}}$, $३^{\text{य}}$, $२^{२\text{य}}$, $३^{५\text{य}}$, $\left(\frac{२}{३}\right)^{\text{य}}$ ।

५. $\text{लघु}_{२}\ \text{य}$, $\text{लघु}_{१०}\ \text{य}$, $\text{लघु}_{\text{इ}}\ \text{य}$ ।

३४. ज्या य

यदि फ (य) = ज्या य,

तो फ (य + टि) = ज्या (य + टि) ।

$$\therefore \text{फ}'(\text{य}) = \underset{\text{टि}\to ०}{\text{सी.}} \frac{\text{ज्या}\ (\text{य}+\text{टि}) - \text{ज्या}\ \text{य}}{\text{टि}}$$

$$= \underset{\text{टि}\to ०}{\text{सी.}} \frac{२}{\text{टि}}\ \text{कोज}\left(\text{य}+\frac{\text{टि}}{२}\right) \text{ज्या}\ \frac{\text{टि}}{२}$$

$$= \underset{\text{टि}\to ०}{\text{सी.}} \left\{ \text{कोज}\left(\text{य}+\frac{\text{टि}}{२}\right) \frac{\text{ज्या}\ \frac{\text{टि}}{२}}{\frac{\text{टि}}{२}} \right\}$$

$$\text{परन्तु}\ \underset{\text{टि}\to ०}{\text{सी.}} \frac{\text{ज्या}\ \frac{\text{टि}}{२}}{\frac{\text{टि}}{२}} = \underset{\text{व}\to ०}{\text{सी.}} \frac{\text{ज्या}\ \text{व}}{\text{व}} = १ ।$$

$$\text{अत:}\ \text{फ}'(\text{य}) = \underset{\text{टि}\to ०}{\text{सी.}}\ \text{कोज}\left(\text{य}+\frac{\text{टि}}{२}\right) = \text{कोज}\ \text{य} ।$$

$$\text{अर्थात्}\ \frac{\text{ता}}{\text{ताय}}(\text{ज्या}\ \text{य}) = \text{कोज}\ \text{य} ।$$

३५. कोज य

यदि फ (य) = कोज य,

तो फ (य + टि) = कोज (य + टि)।

$$\therefore फ' (य) = \underset{टि \to ०}{सी.} \frac{कोज\ (य + टि) - कोज\ य}{टि}$$

$$= \underset{टि \to ०}{सी.} \left\{ -\frac{२}{टि}\ ज्या \left(य + \frac{टि}{२} \right) ज्या\ \frac{टि}{२} \right\}$$

$$= - \underset{टि \to ०}{सी.} \left\{ ज्या \left(य + \frac{टि}{२} \right) \frac{ज्या\ \frac{टि}{२}}{\frac{टि}{२}} \right\}$$

= − ज्या य।

अर्थात् $\frac{ता}{ताय}$ (कोज य) = − ज्या य।

३६. स्पज्या य

यदि फ (य) = स्पज्या य,

$$तो\ फ' (य) = \underset{टि \to ०}{सी.} \frac{स्पज्या\ (य + टि) - स्पज्या\ य}{टि}$$

$$= \underset{टि \to ०}{सी.} \frac{१}{टि} \left\{ \frac{ज्या\ (य + टि)}{कोज\ (य + टि)} - \frac{ज्या\ य}{कोज\ य} \right\}$$

$$= \underset{टि \to ०}{सी.} \frac{ज्या\ (य + टि)\ कोज\ य - ज्या\ य\ कोज\ (य + टि)}{टि\ कोज\ (य + टि)\ कोज\ य}$$

$$= \underset{टि \to ०}{सी.} \frac{ज्या\ टि}{टि\ कोज\ (य + टि)\ कोज\ य} = \frac{१}{कोज^{२} य}$$

अत : $\frac{ता}{ताय}$ (स्पज्या य) = व्युकोज^2 य ।

३७. कोस्प य

पिछले प्रकरण की भाँति हम सिद्ध कर सकते हैं कि

$\frac{ता}{ताय}$ (कोस्प य) = - व्युज्या^{2} य ।

३८. व्युकोज य

मान लो कि फ (य) = व्युकोज य ।

$$\text{तो फ}'(\text{य}) = \underset{\text{टि}\to 0}{\text{सी.}} \frac{\text{व्युकोज}(\text{य}+\text{टि}) - \text{व्युकोज य}}{\text{टि}}$$

$$= \underset{\text{टि}\to 0}{\text{सी.}} \frac{1}{\text{टि}} \left\{ \frac{1}{\text{कोज}(\text{य}+\text{टि})} - \frac{1}{\text{कोज य}} \right\}$$

$$= \underset{\text{टि}\to 0}{\text{सी.}} \frac{\text{कोज य} - \text{कोज}(\text{य}+\text{टि})}{\text{टि कोज}(\text{य}+\text{टि})\text{ कोज य}}$$

$$= \underset{\text{टि}\to 0}{\text{सी.}} \frac{2 \text{ ज्या } \frac{\text{टि}}{2} \text{ ज्या}\left(\text{य}+\frac{\text{टि}}{2}\right)}{\text{टि कोज}(\text{य}+\text{टि})\text{ कोज य}}$$

$$= \underset{\text{टि}\to 0}{\text{सी.}} \left\{ \frac{\text{ज्या } \frac{\text{टि}}{2}}{\frac{\text{टि}}{2}} \cdot \frac{\text{ज्या}\left(\text{य}+\frac{\text{टि}}{2}\right)}{\text{कोज}(\text{य}+\text{टि})\text{ कोज य}} \right\} = \frac{\text{ज्या य}}{\text{कोज}^2\text{ य}} \text{ ।}$$

अत: $\frac{ता}{ताय}$ (व्युकोज य) = $\frac{\text{ज्या य}}{\text{कोज}^2\text{ य}}$ = व्युकोज य स्पज्या य ।

३९. व्युज्या य

उपरिलिखित की भाँति हमें प्राप्त होगा

$$\frac{ता}{ताय}(\text{व्युज्या } य) = -\frac{\text{कोज } य}{\text{ज्या}^2 य} = -\text{व्युज्या } य \text{ कोस्प } य \text{ ।}$$

४०. शरज्या य

यदि फ (य) = शरज्या य,

$$\text{तो फ}'(य) = \underset{टि \to 0}{\text{सी.}} \frac{\text{शरज }(य+टि) - \text{शरज } य}{टि}$$

$$= \underset{टि \to 0}{\text{सी.}} \frac{1}{टि}\left[\left\{1 - \text{कोज }(य+टि)\right\} - \left\{1 - \text{कोज } य\right\}\right]$$

$$= -\underset{टि \to 0}{\text{सी.}} \frac{\text{कोज }(य+टि) - \text{कोज } य}{टि}$$

$$= -\frac{ता}{ताय}(\text{कोज } य) = \text{ज्या } य \;(\S\ ३५)$$

$$\text{अतः } \frac{ता}{ताय}(\text{शरज } य) = \text{ज्या } य \text{ ।}$$

४१. कोशरज्या य

ऊपरिलिखित की भाँति,

$$\frac{ता}{ताय}(\text{कोशरज } य) = -\text{कोज } य \text{ ।}$$

उत्क्रम वर्तुल फलन

४२. ज्या^{-1} य

मान लो कि $श = \text{ज्या}^{-1} य$ और $शा = \text{ज्या}^{-1}(य+टि)$ ।

तो य = ज्या श और य + टि = ज्या शा

अतः टि = ज्या शा − ज्या श ।

अब, जब टि → ०, शा → श ।

$$\therefore \frac{\text{ताश}}{\text{ताय}} = \underset{\text{टि}\to 0}{\text{सी.}} \frac{\text{ज्या}^{-1}(\text{य}+\text{टि}) - \text{ज्या}^{-1}\text{य}}{\text{टि}}$$

$$= \underset{\text{शा}\to\text{श}}{\text{सी.}} \frac{\text{शा} - \text{श}}{\text{ज्या शा} - \text{ज्या श}}$$

$$= \underset{\text{शा}\to\text{श}}{\text{सी.}} \frac{\text{शा} - \text{श}}{२\text{ज्या}\frac{\text{शा}-\text{श}}{२}\ \text{कोज}\frac{\text{शा}+\text{श}}{२}}$$

$$= \underset{\text{शा}\to\text{श}}{\text{सी.}} \frac{\frac{\text{शा}-\text{श}}{२}}{\text{ज्या}\frac{\text{शा}-\text{श}}{२}} \quad \frac{१}{\text{कोज}\frac{\text{शा}+\text{श}}{२}}$$

$$= \frac{१}{\text{कोज श}} = \frac{१}{\sqrt{१ - \text{ज्या}^२\ \text{श}}} = \frac{१}{\sqrt{१-\text{य}^२}}\ ।$$

$$\text{अतः}\ \frac{\text{ता}}{\text{ता य}}\left(\text{ज्या}^{-१}\ \text{य}\right) = \frac{१}{\sqrt{१-\text{य}^२}}\ ।$$

४३. कोज$^{-१}$ य

उपरिलिखित की भाँति,

$$\frac{\text{ता}}{\text{ताय}}\left(\text{कोज}^{-१}\ \text{य}\right) = -\frac{१}{\sqrt{१-\text{य}^२}}$$

४४. स्पज्या$^{-१}$ य

मान लो कि श = स्पज्या$^{-१}$य और शा = स्पज्या$^{-१}$(य + टि)

तो य = स्पज्या श, य + टि = स्पज्या शा ।

अतः टि = स्पज्या शा − स्पज्या श ।

$$\therefore \frac{\text{ताश}}{\text{ताय}} = \underset{\text{टि}\to ०}{\text{सी.}} \frac{\text{स्पज्या}^{-१}(\text{य}+\text{टि}) - \text{स्पज्या}^{-१}\,\text{य}}{\text{टि}}$$

$$= \underset{\text{शा}\to \text{श}}{\text{सी.}} \frac{\text{शा} - \text{श}}{\text{स्पज्या शा} - \text{स्पज्या श}}$$

$$= \underset{\text{शा}\to \text{श}}{\text{सी.}} \frac{\text{शा} - \text{श}}{\dfrac{\text{ज्या शा}}{\text{कोज शा}} - \dfrac{\text{ज्या श}}{\text{कोज श}}}$$

$$= \underset{\text{शा}\to \text{श}}{\text{सी.}} \frac{(\text{शा} - \text{श})\,\text{कोज शा कोज श}}{\text{ज्या}\,(\text{शा} - \text{श})}$$

$$= \underset{\text{शा}\to \text{श}}{\text{सी.}} \frac{(\text{शा} - \text{श})\,\text{कोज शा कोज श}}{२\,\text{ज्या}\,\dfrac{\text{शा} - \text{श}}{२}\,\text{कोज}\,\dfrac{\text{शा} - \text{श}}{२}}$$

$$= \underset{\text{शा}\to \text{श}}{\text{सी.}} \frac{\dfrac{\text{शा} - \text{श}}{२}}{\text{ज्या}\dfrac{\text{शा} - \text{श}}{२}} \cdot \frac{१}{\text{कोज}\dfrac{\text{शा} - \text{श}}{२}}\,\text{कोज शा कोज श}$$

परन्तु $\underset{\text{शा}\to \text{श}}{\text{सी.}}\ \text{कोज}\,\dfrac{\text{शा} - \text{श}}{२} = \underset{\text{व}\to ०}{\text{सी.}}\ \text{कोज व} = १$ ।

अतः $\dfrac{\text{ताश}}{\text{ताय}} = \text{कोज}^{२}\,\text{श} = \dfrac{१}{१ + \text{स्पज्या}^{२}\,\text{श}} = \dfrac{१}{१ + \text{य}^{२}}$ ।

अर्थात् $\dfrac{\text{ता}}{\text{ताय}}\left(\text{स्पज्या}^{-१}\,\text{य}\right) = \dfrac{१}{१ + \text{य}^{२}}$ ।

४५. कोस्प$^{-१}$य

उपरिलिखित की भाँति, $\frac{ता}{ताय}\left(कोस्प^{-१} य\right) = -\frac{१}{१+य^{२}}$ ।

४६. व्युकोज$^{-१}$ य

मान लो कि श = व्युकोज$^{-१}$ य और शा = व्युकोज$^{-१}$(य + टि)

तो य = व्युकोज श और य + टि = व्युकोज (श + टि)

फलतः टि = व्युकोज शा − व्युकोज श ।

$$\therefore \frac{ताश}{ताय} = \underset{टि \to ०}{सी.} \frac{व्युकोज^{-१}(य+टि) - व्युकोज^{-१} य}{टि}$$

$$= \underset{शा \to श}{सी.} \frac{शा - श}{व्युकोज\ शा - व्युकोज\ श}$$

$$= \underset{शा \to श}{सी.} \frac{शा - श}{\frac{१}{कोज\ शा} - \frac{१}{कोज\ श}}$$

$$= \underset{शा \to श}{सी.} \frac{(शा - श)\ कोज\ शा\ कोज\ श}{कोज\ श - कोज\ शा}$$

$$= \underset{शा \to श}{सी.} \frac{(शा - श)\ कोज\ शा\ कोज\ श}{२\ ज्या \frac{शा+श}{२}\ ज्या\ \frac{शा-श}{२}}$$

$$= \underset{शा \to श}{सी.} \frac{\frac{शा-श}{२}}{ज्या\ \frac{शा-श}{२}} \cdot \frac{कोज\ शा\ कोज\ श}{ज्या \frac{शा+श}{२}}$$

$$= \frac{\text{कोज}^2\ \text{श}}{\text{ज्या श}} = \frac{१}{\text{य}\sqrt{\text{य}^2 - १}}$$

अतः $\frac{\text{ता}}{\text{ताय}}\left(\text{व्युकोज}^{-१}\ \text{य}\right) = \frac{१}{\text{य}\sqrt{\text{य}^2 - १}}$ ।

४७. व्युज्या$^{-१}$ य

हम सरलता से सिद्ध कर सकते हैं कि

$$\frac{\text{ता}}{\text{ताय}}\left(\text{व्युज्या}^{-१}\ \text{य}\right) = -\frac{१}{\text{य}\sqrt{\text{य}^2 - १}} ।$$

४८. शरज्या$^{-१}$ य

मान लो कि शरज$^{-१}$ य = श और शरज$^{-१}$(य + टि) = शा

तो य = शरज श और य + टि = शरज शा ।

अतः टि = शरज शा − शरज श ।

$$\therefore \frac{\text{ताश}}{\text{ताय}} = \underset{\text{टि} \to ०}{\text{सी.}} \frac{\text{शरज}^{-१}(\text{य} + \text{टि}) - \text{शरज}^{-१}\ \text{य}}{\text{टि}}$$

$$= \underset{\text{शा} \to \text{श}}{\text{सी.}} \frac{\text{शा} - \text{श}}{\text{शरज शा} - \text{शरज श}}$$

$$= \underset{\text{शा} \to \text{श}}{\text{सी.}} \frac{\text{शा} - \text{श}}{(१ - \text{कोज शा}) - (१ - \text{कोज श})}$$

$$= \underset{\text{शा} \to \text{श}}{\text{सी.}} \frac{\text{शा} - \text{श}}{\text{कोज श} - \text{कोज शा}}$$

$$= \underset{\text{शा} \to \text{श}}{\text{सी.}} \frac{\text{शा} - \text{श}}{२\ \text{ज्या}\frac{\text{शा} - \text{श}}{२}\ \text{ज्या}\frac{\text{शा} + \text{श}}{२}}$$

$$= \lim_{\text{शा} \to \text{श}} \frac{\text{ज्या}\frac{\text{शा} - \text{श}}{२}}{\frac{\text{शा} - \text{श}}{२}} \cdot \frac{१}{\text{ज्या}\frac{\text{शा} + \text{श}}{२}}$$

$$= \frac{१}{\text{ज्या श}} = \frac{१}{\sqrt{१ - \text{कोज}^२\text{श}}}$$

परन्तु य = शरज श = १ − कोज श,

अर्थात् कोज श = १ − य

$$\text{अतः} \frac{\text{ताश}}{\text{ताय}} = \frac{१}{\sqrt{१ - (१ - \text{य})^२}} = \frac{१}{\sqrt{२\,\text{य} - \text{य}^२}}\text{।}$$

$$\text{अर्थात्}\ (\text{शरज}^{-१}\,\text{य}) = \frac{१}{\sqrt{२\,\text{य} - \text{य}^२}}\text{।}$$

४९. कोशरज्या$^{-१}$ य

$$\frac{\text{ता}}{\text{ताय}}\left(\text{कोशरज}^{-१}\,\text{य}\right) = -\frac{१}{\sqrt{२\,\text{य} - \text{य}^२}}\text{।}$$

५०. सारांश

$\text{फ}(\text{य}) = \text{य}^{\text{स}}$, $\quad \text{फ}'(\text{य}) = \text{स}\,\text{य}^{\text{स} - १}$।

$\text{फ}(\text{य}) = \text{क}^{\text{य}}$, $\quad \text{फ}'(\text{य}) = \text{क}^{\text{य}}\ \text{लघु}_{\text{इ}}\,\text{क}$

$\text{फ}(\text{य}) = \text{इ}^{\text{य}}$, $\quad \text{फ}'(\text{य}) = \text{इ}^{\text{य}}$।

$\text{फ}(\text{य}) = \text{लघु}_{\text{क}}\,\text{य}$, $\quad \text{फ}'(\text{य}) = \frac{१}{\text{य}}\,\text{लघु}_{\text{क}}\,\text{इ}$।

$\text{फ}(\text{य}) = \text{लघु}_{\text{इ}}\,\text{य}$, $\quad \text{फ}'(\text{य}) = \frac{१}{\text{य}}$।

फ (य) = ज्या य, फ′ (य) = कोज य ।

फ (य) = कोज य, फ′ (य) = − ज्या य ।

फ (य) = स्पज्या य, फ′ (य) = व्युकोज^2 य ।

फ (य) = कोस्प य, फ′ (य) = − व्युज्या^{2} य ।

फ (य) = व्युकोज य, फ′ (य) = व्युकोज य स्पज्या य ।

फ (य) = व्युज्या य, फ′ (य) = − व्युज्या य कोस्प य ।

फ (य) = शरज य, फ′ (य) = ज्या य ।

फ (य) = कोशरज य, फ′ (य) = − कोज य ।

$$\left.\begin{array}{ll} फ(य) = ज्या^{-१} य, & फ'(य) = \dfrac{१}{\sqrt{१ - य^२}} \\ फ(य) = कोज^{-१} य, & फ'(य) = -\dfrac{१}{\sqrt{१ - य^२}} \end{array}\right\}$$

$$\left.\begin{array}{ll} फ(य) = स्पज्या^{-१} य, & फ'(य) = \dfrac{१}{१ + य^२} \\ फ(य) = कोस्प^{-१} य, & फ'(य) = -\dfrac{१}{१ + य^२} \end{array}\right\}$$

$$\left.\begin{array}{ll} फ(य) = व्युकोज^{-१} य, & फ'(य) = \dfrac{१}{य\sqrt{य^२ - १}} \\ फ(य) = व्युज्या^{-१} य, & फ'(य) = -\dfrac{१}{य\sqrt{य^२ - १}} \end{array}\right\}$$

$$\left.\begin{array}{ll} फ(य) = शरज^{-१} य, & फ'(य) = \dfrac{१}{\sqrt{२ य - य^२}} \\ फ(य) = कोशरज^{-१} य, & फ'(य) = -\dfrac{१}{\sqrt{२ य - य^२}} \end{array}\right\}$$

५१. हम यहाँ कुछ प्रतिपन्न उदाहरण देते हैं।

(१) ज्या^{2} य का प्रथम सिद्धान्तों से अवकलन करो।

मान लो कि फ (य) = ज्या^{2} य।

$$\text{तब, फ}'(\text{य}) = \underset{\text{टि}\to 0}{\text{सी.}} \frac{\text{ज्या}^2(\text{य}+\text{टि}) - \text{ज्या}^2\text{य}}{\text{टि}}$$

$$= \underset{\text{टि}\to 0}{\text{सी.}} \frac{1}{\text{टि}} \left\{ \text{ज्या}(\text{य}+\text{टि}) + \text{ज्या य} \right\} \left\{ \text{ज्या}(\text{य}+\text{टि}) - \text{ज्या य} \right\}$$

$$= \underset{\text{टि}\to 0}{\text{सी.}} \frac{1}{\text{टि}} 2\,\text{ज्या}\left(\text{य}+\frac{\text{टि}}{2}\right) \text{कोज}\,\frac{\text{टि}}{2} \cdot 2\,\text{कोज}\left(\text{य}+\frac{\text{टि}}{2}\right) \times \text{ज्या}\,\frac{\text{टि}}{2}$$

$$= \underset{\text{टि}\to 0}{\text{सी.}} \frac{1}{\text{टि}}\, \text{ज्या}(2\text{य}+\text{टि})\,\text{ज्या टि}$$

$$= \text{ज्या } 2 \text{ य}।$$

(२) $\sqrt{\text{कोज य}}$ का अवकलन करो। (बनारस १९४१)

यदि फ (य) = $\sqrt{\text{कोज य}}$,

$$\text{तो, फ}'(\text{य}) = \underset{\text{टि}\to 0}{\text{सी.}} \frac{\sqrt{\text{कोज}(\text{य}+\text{टि})} - \sqrt{\text{कोज य}}}{\text{टि}}$$

$$= \underset{\text{टि}\to 0}{\text{सी.}} \frac{\text{कोज}(\text{य}+\text{टि}) - \text{कोज य}}{\text{टि}\left(\sqrt{\text{कोज}(\text{य}+\text{टि})} + \sqrt{\text{कोज य}}\right)}$$

$$= \underset{\text{टि}\to 0}{\text{सी.}} \frac{-२\,\text{ज्या}\left(\text{य}+\frac{\text{टि}}{२}\right)\text{ज्या}\frac{\text{टि}}{२}}{\text{टि}\left(\sqrt{\text{कोज}\,(\text{टि}+\text{य})}+\sqrt{\text{कोज}\,\text{य}}\right)}$$

$$= -\underset{\text{टि}\to 0}{\text{सी.}} \frac{\text{ज्या}\frac{\text{टि}}{२}}{\frac{\text{टि}}{२}} \cdot \frac{\text{ज्या}\left(\text{य}+\frac{\text{टि}}{२}\right)}{\sqrt{\text{कोज}\,(\text{टि}+\text{य})}+\sqrt{\text{कोज}\,\text{य}}}$$

$$= -\frac{\text{ज्या}\,\text{य}}{२\sqrt{\text{कोज}\,\text{य}}}\text{।}$$

प्रश्नमाला ११

निम्नलिखित का प्रथम सिद्धान्तों से अवकलन करो :—

(१) ज्या २ य   (बनारस १९३३, १९३५, १९४१)।

(२) कोज क य। (३) $\sqrt{\text{स्पज्या य}}$। (४) य° (घात)।

(५) य ज्या य।   (६) ज्या (य+टि)। (७) −कोज (य+ख)।

(८) व्युकोज $\frac{\text{य}}{\text{क}}$। (९) $(\text{य}+\text{क})^{\text{स}}$। (१०) $\text{स्पज्या}^{-१}\frac{\text{य}}{\text{क}}$।

(११) $\text{कोज}^{२}$ क य। (१२) $\text{व्युकोज}^{२}$ य। (१३) $\text{इ}^{३\text{य}+२}$।

(१४) $\text{इ}^{\text{य}^{२}}$।

अध्याय ४

मूल साध्य

५२. अचल राशि

मान लो कि र = ग, जिसमें ग अचल है।

अब, अचल ऐसी राशि होती है जो बदलती नहीं। अतः, चाहे तोय कुछ भी हो।

र + तोर = ग।

इसलिये, घटाने पर।

$$\text{तोर} = 0,$$

$$\text{अर्थात्}\ \frac{\text{तोर}}{\text{तोय}} = 0,$$

$$\text{अतएव}\ \frac{\text{तार}}{\text{ताय}} = 0।$$

इस प्रकार, अचल का अवकल गुणक ० होता है। ❀

५३. एक अचल और एक फलन का गुणनफल

मान लो कि र = गफि

जिसमें ग एक अचल है और फि य का एक फलन है।

❀ ज्यामितितः, र = ग याक्ष के समानान्तर एक सरल रेखा का समीकरण है। रेखा के किसी बिंदु पर यह अपना स्पर्शी स्वयं ही है और याक्ष से ० का कोण बनाता है।

$$\text{अतः}\ \frac{\text{तार}}{\text{ताय}} = 0$$

जब य, य+तोय हो जाता है तो मान लो कि फि, फि+तोफि और र, र+तोर हो जाते हैं।

तब, र+तोर=ग (फि+तोफि)।

घटाने से, तोर=ग तोफि,

$$\text{अतः,}\quad \frac{\text{तोर}}{\text{तोय}} = \text{ग}\ \frac{\text{तोफि}}{\text{तोय}}\text{।}$$

∴ सीमा लेने पर हमें हस्तगत है—

$$\frac{\text{तार}}{\text{ताय}} = \text{ग}\ \frac{\text{ताफि}}{\text{ताय}}\text{।}$$ ❀

५४. प्रतिपन्न उदाहरण।

(१) १० कोज य का अवकल गुणक—१० ज्या य है।

(२) क $इ^{य}$ के प्रथम, द्वितीय, तृतीय,......, स वें अवकल गुणक सब क $इ^{य}$ हैं।

५५. दो फलनों का योग

मान लो कि र=फि+फु

तब, र + तोर =(फि+तोफि)+(फु+तोफु)।

∴ तोर =तोफि+तोफु,

$$\text{अंतएव,}\quad \frac{\text{तोर}}{\text{तोय}} = \frac{\text{तोफि}}{\text{तोय}} + \frac{\text{तोफु}}{\text{तोय}}\text{।}$$

❀ ज्यामितितः इस प्रमेय का अर्थ यह है कि यदि किसी वक्र की सब कोटियाँ किसी एक ही अनुपात में बढ़ायी जायें, तो वक्र का ढाल उसी अनुपात में बढ़ता जाता है।

अत: सीमा लेने पर हमें प्राप्त होता है—

$$\frac{\text{तार}}{\text{ताय}} = \frac{\text{ताफि}}{\text{ताय}} + \frac{\text{ताफु}}{\text{ताय}} \text{।}$$

उपप्रमेय—फलनों के एक समूह के योग का अवकल गुणक उन विभिन्न फलनों के अवकल गुणकों का योग होता है ।

५६. प्रतिपन्न उदाहरण ।

$$(१)\ \frac{\text{ता}}{\text{ताय}}\left\{\text{य}\,(\text{य}^{२}-३)\right\} = \frac{\text{ता}}{\text{ताय}}(\text{य}^{३}-३\,\text{य})$$

$$= \frac{\text{ता}}{\text{ताय}}(\text{य}^{३}) - \frac{\text{ता}}{\text{ताय}}(३\text{य})$$

$$= ३\,\text{य}^{२}-३$$

$$= ३\,(\text{य}^{२}-१) \text{।}$$

$$(२)\ \frac{\text{ता}}{\text{ताय}}\left\{\text{लघु य} + २\ \text{ज्या य} + ३\ \text{इ}^{\text{य}}\right\}$$

$$= \frac{\text{ता}}{\text{ताय}}(\text{लघु य}) + २\,\frac{\text{ता}}{\text{ताय}}(\text{ज्या य}) + ३\,\frac{\text{ता}}{\text{ताय}}(\text{इ}^{\text{य}})$$

$$= \frac{१}{\text{य}} + २\ \text{कोज्या य} + ३\ \text{इ}^{\text{य}} \text{।}$$

प्रश्नमाला १२

१. $\text{कोज य} + २\ \text{ज्या य}$, $\quad \text{इ}^{\text{य}} - \text{लघु}\ २\ \text{य} + \text{य}^{२}$,

$\sqrt{\text{य}} + \sqrt{\text{क}}$, $\quad \frac{\text{य}^{४}}{४} + \frac{\text{य}^{३}}{३} + \frac{\text{य}^{२}}{२} + १$,

$\text{ज्या}^{-१}\text{य} + \text{कोज}^{-१}\text{य}$, $\quad \text{य}^{\text{सं}} + \text{क}^{\text{सं}}\text{य}$,

(य + १)(२ य − १), (य − क)(य − ख)(य − ग),
य (कय + ख)^2
के अवकल गुणक लिखो

२. निम्नलिखित का श्रेणियों में विस्तार करो और एक-एक पद का अवकलन करके इन व्यंजकों का अवकल-गुणक निकालो:—

(१) इ^{य}, (२) लघु(१ + य), (३) (१ + य)$^{सं}$, (४) क^{य}।

३. निम्नलिखित के अवकल-गुणक लिखो:—

$$(१)\ \frac{क - य^2 + य}{२\ य}, \qquad (२)\ \frac{ख\ (२\ य - ३)}{क\ य^2},$$

$$(३)\ \frac{क + ख\sqrt{य}}{ग\ य\sqrt{य}}, \qquad (४)\ \frac{क + ख\ य^{\frac{3}{2}}}{ग\sqrt[४]{य^५}},$$

$$(५)\ \frac{क\ य + ख}{\sqrt{य}}\ ।$$

५७. दो फलनों का गुणनफल

दो फलनों के गुणनफल का अवकल-गुणक
= (प्रथम फलन) (द्वितीय फलन का अवकल गुणक)
+ (द्वितीय फलन) (प्रथम फलन का अवकल गुणक)।

मान लो कि र = फि फु।

तब, र + तोर = (फि + तोफि) (फु + तोफु)
= फिफु + फि तोफु + फु तोफि + तोफि · तोफु

∴ तोर = फि तोफु + फु तोफि + तोफि · तोफु

$$\text{अतएव}\ \frac{तोर}{तोय} = फि\frac{तोफु}{तोय} + फु\frac{तोफि}{तोय} + तोफि\frac{तोफु}{तोय}\ ।$$

अब, जैसे-जैसे तोय→०, वैसे-वैसे तोफि→०। और जैसे-जैसे तोय→०, वैसे-वैसे $\frac{\text{तोफि}}{\text{तोय}}$ और $\frac{\text{तोफु}}{\text{तोय}}$, $\frac{\text{ताफि}}{\text{ताय}}$ और $\frac{\text{ताफु}}{\text{ताय}}$ की ओर प्रवृत्त होते हैं।

अतः, सीमा लेने पर,

$$\frac{\text{तार}}{\text{ताय}} = \text{फि}\,\frac{\text{ताफु}}{\text{ताय}} + \text{फु}\,\frac{\text{ताफि}}{\text{ताय}}\,।$$

उपप्रमेय—किसी परिमित संख्या के फलनों के गुणनफल का अवकल-गुणक ज्ञात करने के लिये प्रत्येक अभिन्न फलन के अवकल-गुणक को शेष फलनों के गुणनफल से गुणा करो और सब फलों को जोड़ दो।

उदाहरण के लिये मान लो कि

$$\text{र} = \text{फि फु फे}$$

$$\begin{aligned} \text{तो} \qquad \text{र}' &= \text{फि फु फे}' + \text{फे (फि फु)}' \\ &= \text{फि फु फे}' + \text{फे (फि फु}' + \text{फि}'\text{ फु)} \\ &= \text{फि फु फे}' + \text{फे फि फु}' + \text{फु फे फि}'\,। \end{aligned}$$

इसी प्रकार, यदि र = फि फु फे फो······

$$\text{तो}\ \frac{\text{तार}}{\text{ताय}} = (\text{फु फे फो}\cdots)\frac{\text{ताफि}}{\text{ताय}} + (\text{फि फे फो}\cdots)\frac{\text{ताफु}}{\text{ताय}} + (\text{फि फु फो}\cdots)\frac{\text{ताफे}}{\text{ताय}} + \cdots\,।$$

५८. प्रतिपन्न उदाहरण ।

(१) य $इ^{य}$, $य^{२}$ ज्या य, य लघु य का अवकलन करो।

$$\frac{ता}{ताय}(य\, इ^{य}) = य \frac{ता(इ^{य})}{ताय} + इ^{य} \frac{ता}{ताय}(य)$$

$$= य\, इ^{य} + इ^{य}$$

$$= (य + १)\, इ^{य}\, ।$$

$$\frac{ता}{ताय}(य^{२}\, ज्या\, य) = य^{२} \frac{ता}{ताय}(ज्या\, य) + ज्या\, य \frac{ता}{ताय}(य^{२})$$

$$= य^{२}\, कोज\, य + २\, य\, ज्या\, य\, ।$$

$$\frac{ता}{ताय}(य\, लघु\, य) = य \frac{ता}{ताय}(लघु\, य) + लघु\, य \frac{ता}{ताय}(य)$$

$$= य\left(\frac{१}{य}\right) + लघु\, य\, (१)$$

$$= १ + लघु\, य\, ।$$

(२) $(य^{२}+२)(य-३)$ का गुणनफल के रूप में अवकलन करो और दिखाओ कि इस प्रकार प्राप्त हुआ फल वही है जो व्यंजकों को गुणा करके अवकलन करने से प्राप्त होता है।

मान लो कि $र = (य^{२}+२)(य-३)$

$$तो\ \frac{तार}{ताय} = (य^{२}+२)\frac{ता}{ताय}(य-३) + (य-३)\frac{ता}{ताय}(य^{२}+२)$$

$$= (य^{२}+२) + (य-३)(२\, य)$$

$$= ३\, य^{२} - ६\, य + २\, ।$$

यदि हम गुणनफल का प्रसार करें तो हमें

$य^3 - ३ य^2 + २ य - ६$ प्राप्त होता है।

और इसका अवकल गुणक $३ य^2 - ६ य + २$ है।

५९. दो फलनों का भजनफल

दो फलनों के भजनफल का अवकल गुणक

$$= \frac{(हर)\ (अंश\ का\ अ०\ गु०) - (अंश)\ (हर\ का\ अ०\ गु०)}{(हर)^2}$$

मान लो कि $र = \dfrac{फि}{फु}$

तब, $र + तोर = \dfrac{फि + तोफि}{फु + तोफु}$

और $तोर = \dfrac{फि + तोफि}{फु + तोफु} - \dfrac{फि}{फु}$

$$= \frac{फु\ तोफि - फि\ तोफु}{फु\ (फु + तोफु)}$$

$$= \frac{फु\ तोफि - फि\ तोफु}{फु^2 \left(१ + \dfrac{तोफु}{फु}\right)}$$

इसलिये, $$\frac{तोर}{तोय} = \frac{फु \dfrac{तोफि}{तोय} - फि \dfrac{तोफु}{तोय}}{फु^2 \left(१ + \dfrac{तोफु}{फु}\right)}$$

अब, ज्यों ज्यों $तोय \to ०$, त्यों त्यों $तोफु \to ०$।

अतः $$\frac{\text{तार}}{\text{ताय}} = \frac{\text{फु}\frac{\text{ताफि}}{\text{ताय}} - \text{फि}\frac{\text{ताफु}}{\text{ताय}}}{\text{फु}^2}\text{।}$$

अथवा, इस प्रकारः—

$$\text{चूँकि } \text{र} = \frac{\text{फि}}{\text{फु}}\text{।}$$

$$\therefore \text{फुर} = \text{फि।}$$

अतएव गुणनफल के प्रमेय (§ ५७) के अनुसार—

$$\text{फु}\frac{\text{तार}}{\text{ताय}} + \text{र}\frac{\text{ताफु}}{\text{ताय}} = \frac{\text{ताफि}}{\text{ताय}}\text{।}$$

$$\text{अतएव } \frac{\text{तार}}{\text{ताय}} = \frac{1}{\text{फु}}\left(\frac{\text{ताफि}}{\text{ताय}} - \text{र}\frac{\text{ताफु}}{\text{ताय}}\right)$$

$$= \frac{1}{\text{फु}}\left(\frac{\text{ताफि}}{\text{ताय}} - \frac{\text{फि}}{\text{फु}}\frac{\text{ताफु}}{\text{ताय}}\right)$$

$$= \frac{1}{\text{फु}^2}\left(\text{फु}\frac{\text{ताफि}}{\text{ताय}} - \text{फि}\frac{\text{ताफु}}{\text{ताय}}\right)\text{।}$$

६०. प्रतिपन्न उदाहरण

(१) इस विधि से स्पज्या य का अवकलन करो।

$$\frac{\text{ता}}{\text{ताय}}(\text{स्पज्या य}) = \frac{\text{ता}}{\text{ताय}}\left(\frac{\text{ज्या य}}{\text{कोज य}}\right)$$

$$= \frac{\text{कोज य}\frac{\text{ता}}{\text{ताय}}(\text{ज्या य}) - \text{ज्या य}\frac{\text{ता}}{\text{ताय}}(\text{कोज य})}{\text{कोज}^2\text{य}}$$

$$= \frac{\text{कोज}^2\text{य} + \text{ज्या}^2\text{य}}{\text{कोज}^2\text{य}}$$

$$= \frac{1}{\text{कोज}^2\text{य}}$$

$$= \text{व्युकोज}^2\text{य}।$$

(२) $\frac{\text{य}^2}{\text{इ}^{\text{य}}\ \text{ज्या य}}$ का अवकलन करो।

यदि $\text{र} = \frac{\text{य}^2}{\text{इ}^{\text{य}}\ \text{ज्या य}}$

तो हमें प्राप्त है $\frac{\text{तार}}{\text{ताय}}$

$$= \frac{\text{इ}^{\text{य}}\ \text{ज्या य} \frac{\text{ता}}{\text{ताय}}(\text{य}^2) - \text{य}^2 \frac{\text{ता}}{\text{ताय}}(\text{इ}^{\text{य}}\ \text{ज्या य})}{\text{इ}^{2\text{य}}\text{ज्या}^2\text{य}}$$

अब $\frac{\text{ता}}{\text{ताय}}(\text{इ}^{\text{य}}\ \text{ज्या य}) = \text{इ}^{\text{य}} \frac{\text{ता}}{\text{ताय}}(\text{ज्या य}) + \text{ज्या य} \frac{\text{ता}}{\text{ताय}}(\text{इ}^{\text{य}})$

$$= \text{इ}^{\text{य}}\ \text{कोज य} + \text{इ}^{\text{य}}\ \text{ज्या य},$$

अतः, $\frac{\text{तार}}{\text{ताय}}$

$$= \frac{2\,\text{य इ}^{\text{य}}\ \text{ज्या य} - \text{य}^2(\text{इ}^{\text{य}}\ \text{कोज य} + \text{इ}^{\text{य}}\ \text{ज्या य})}{\text{इ}^{2\text{य}}\text{ज्या}^2\text{य}}$$

$$= य\, इ^{य} \cdot \frac{२\, ज्या\, य - य\,(\,कोज\, य + ज्या\, य\,)}{इ^{२य}\, ज्या^{२} य}\,।$$

(२) $\frac{१}{कय + ख}$ का अवकलन करो।

$$\frac{ता}{ताय}\left(\frac{१}{कय + ख}\right) = \frac{(\,कय + ख\,)\frac{ता}{ताय}(१) - १.\frac{ता}{ताय}(\,कय + ख\,)}{(\,कय + ख\,)^{२}}$$

$$= - \frac{क}{(\,कय + ख\,)^{२}}\,।$$

(३) $\frac{२\, य + ३}{५\, य - १}$ का अवकलन करो।

प्रथम विधि—मान लो कि $र = \frac{२\, य + ३}{५\, य - १}$।

तो $\frac{तार}{ताय}$

$$= \frac{(५य - १)\frac{ता}{ताय}\,(२य + ३) - (\,२य + ३\,)\frac{ता}{ताय}\,(\,५य - १\,)}{(\,५\, य - १\,)^{२}}$$

$$= \frac{२(\,५य - १\,) - ५(\,२य + ३\,)}{(\,५य - १\,)^{२}}$$

$$= - \frac{१७}{(५\, य - १)^{२}}$$

द्वितीय विधि—

$$\frac{\text{तार}}{\text{ताय}} = \frac{१}{५\text{ य} - १}\,\frac{\text{ता}}{\text{ताय}}(२\text{ य}+३) + (२\text{ य}+३)\frac{\text{ता}}{\text{ताय}}\left(\frac{१}{५\text{य} - १}\right)$$

$$= \frac{२}{५\text{ य} - १} + (२\text{ य}+३) . \frac{-५}{(५\text{ य} - १)^२} \text{ (प्रतिपन्न उदाहरण २)}$$

$$= \frac{२(५\text{ य} - १) - ५(२\text{ य}+३)}{(५\text{ य} - १)^२}$$

$$= -\frac{१७}{(५\text{ य} - १)^२}\text{ ।}$$

तृतीय विधि—

$$\frac{२\text{ य}+३}{५\text{ य} - १} = \frac{२}{५} + \left(\frac{२\text{ य}+३}{५\text{ य} - १} - \frac{२}{५}\right)$$

$$= \frac{२}{५} + \frac{१७}{५(५\text{ य} - १)}$$

अतः $$\frac{\text{तार}}{\text{ताय}} = \frac{१७}{५}\,\frac{\text{ता}}{\text{ताय}}\left(\frac{१}{५\text{ य} - १}\right)$$

$$= \frac{१७}{५}\,\frac{-५}{(५\text{ य} - १)^२} \text{ (प्रतिपन्न उदाहरण २)}$$

$$= -\frac{१७}{(५\text{ य} - १)^२}\text{ ।}$$

प्रश्नमाला १३

अवकलन करो—

(१) $\text{य}^२ \text{ कोज य}$, $\text{य}^३ \text{इ}^{\text{य}}$, $\text{य}^{\text{स}} \text{इ}^{\text{य}}$, $२^{\text{य}} \text{ ज्या य}$,

$य^2$ लघु य, $\quad$ य ज्या$^{-1}$ य लघु य, $\quad$ $य^2 इ^{य}$ स्पज्या य,

$\sqrt{य}$ व्युकोज य व्युज्या य ।

(२) $\frac{य^2}{ज्या\ य}$, व्युज्या य, $\frac{कोज\ य}{य^4}$, $\frac{य^3}{स्पज्या\ य}$, $\frac{ग^2\ य}{य^2 + ज्या\ य}$,

$\frac{य^2\ कोज\ य}{इ^{य}}$, $\frac{य}{इ^{य}\ लघु\ य\ ज्या\ य}$, $\frac{३\ व्युकोज\ य}{\sqrt{य}}$ ।

(३) $(य^2 - ४\sqrt{य})$ लघु य, $इ^{य}$ (स्पज्या य + कोज य),

$(य + य^2)\ इ^{य}$ लघु य, $\left(३ + ८\ इ^{य}\right)$ व्युकोज य,

$\left(५\ य - ३\ इ^{य}\right)$ लघु य, य ज्या य + कोज य ।

(४) $\frac{य^2}{ज्या\ य + कोज\ य}$, $\frac{व्युकोज\ य - स्पज्या\ य}{व्युकोज\ य + स्पज्या\ य}$, $\frac{\left(इ^{य} + ३\right)य}{ज्या\ य + २}$ ।

(५) $\frac{क - य}{क + य}$, $\frac{क + य}{क - य}$, $\frac{क\ य + ख}{ग\ \ य + घ}$, $\frac{ज्या\ य + कोज\ य}{ज्या\ य - कोज\ य}$, $\frac{ज्या\ य - कोज\ य}{ज्या\ य + कोज\ य}$

(६) $\frac{य^2 - क^2}{य^2 + क^2}$, $\frac{१ + २\ य + ३\ य^2}{१ - २\ य + ३\ य^2}$, $\frac{\sqrt{य} + १}{\sqrt{य} - १}$, $\frac{(य + २)\ (य + ३)}{य + १}$

$\frac{पय^2 + फय + ब}{बय^2 + फय + प}$ ।

(७) य $कोज^2$ य, २ य $ज्या^2$ य, $इ^{य}$ लघु य $कोज^2$ य ।

$कोज^2\ य = \frac{१ + कोज\ २\ य}{२}$ (अभ्यास ९ प्रश्न २ का प्रयोग करो)

६१. फलन का फलन ।

कभी-कभी हमें ऐसे व्यंजक का फलन मिलता है जो स्वयं भी किसी स्वतंत्र चल का फ़लन होता है।

उदाहरणतः, यदि $र = (कय + ख)^{सं}$, तो र (कय + ख) का फलन है, और कय + ख स्वयं भी य का फलन है।

यदि हम

$$फि = कय + ख$$

रखते हैं तो हमें

$$र = फि^{सं}$$

प्राप्त होता है, इस प्रकार र फि का फलन है, और फि य का फलन है। इसका तात्पर्य यह हुआ कि र य के फलन का फलन है।

अब एक दूसरा उदाहरण लो—संबंध

$$र = क \text{ कोज } (२ य + ३) + ख$$

को हम निम्नलिखित की भाँति लिख सकते हैं—

$$र = क \text{ कोज } फि + ख,$$

$$\text{और,} \quad फि = २ य + ३।$$

$$\text{मान लो कि} \quad र = फा (फि),$$

$$\text{जब कि} \quad फि = फ (य)।$$

जब य य + तोय में बदल दिया जाता है, तो मान लो कि फि तथा र क्रमशः फि + तोफि और र + तोर में बदल जाते हैं।

$$\text{परंतु } \frac{तोर}{तोय} = \frac{तोर}{तोफि} \times \frac{तोफि}{तोय} \qquad (६१\cdot१)$$

$$\therefore \lim_{\text{तोय}\to 0} \frac{\text{तोर}}{\text{तोय}} = \lim_{\text{तोय}\to 0} \left\{ \frac{\text{तोर}}{\text{तोफि}} \times \frac{\text{तोफि}}{\text{तोय}} \right\} ।$$

अब, जब तोय→०, तो तोफि→० ।

$$\text{अतः} \quad \lim_{\text{तोय}\to 0} \frac{\text{तोर}}{\text{तोय}} = \lim_{\text{तोफि}\to 0} \frac{\text{तोर}}{\text{तोफि}} \times \lim_{\text{तोय}\to 0} \frac{\text{तोफि}}{\text{तोय}}$$

$$\text{अर्थात्}, \quad \frac{\text{तार}}{\text{ताय}} = \frac{\text{तार}}{\text{ताफि}} \cdot \frac{\text{ताफि}}{\text{ताय}} । \qquad (६१\cdot२)$$

अथवा, शब्दों में,

$$\frac{\text{ता (प्रथम फलन)}}{\text{ताय}} = \frac{\text{ता (प्रथम फलन)}}{\text{ता (द्वितीय फलन)}} \times \frac{\text{ता (द्वितीय फलन)}}{\text{ताय}} ।$$

विद्यार्थी यह सोच सकता है कि समीकरण (६१'२) उतना ही प्रत्यक्ष है जितना कि (६१'१), और हम समीकरण (६१'२) बिना समीकरण (६१'१) की सहायता लिये भी लिख सकते हैं। परंतु यह ध्यान रखना चाहिये कि (६१'१) में तोफि, तोय, और तोर विभिन्न राशियाँ हैं और इसलिये हर का तोफि अंश के तोफि को काट देता है। परंतु (६१'२) में तोय, तोर, तोफि विभिन्न राशियाँ नहीं हैं। $\frac{\text{तोफि}}{\text{तोय}}$ एवं $\frac{\text{तोर}}{\text{तोय}}$ एक क्रिया के फल हैं; वे $\frac{\text{तोफि}}{\text{तोय}}$ और $\frac{\text{तोर}}{\text{तोय}}$ की लब्धियाँ नहीं हैं। अतः यह कहना अर्थहीन होगा कि अंश का तोफि तथा हर का तोफि एक दूसरे को काट देते हैं और इस प्रकार हमें समीकरण (६१'२) का वाम पक्ष प्राप्त हो जाता है।

६२. प्रतिपन्न उदाहरण।

(२ य–१)^{७} और कोज (लघु य) का अवकलन करो।

मान लो कि फि = २ य—१,

तो र = फि^{७} ।

तब, $\frac{\text{तार}}{\text{ताय}} = \frac{\text{तार}}{\text{ताफि}} \cdot \frac{\text{ताफि}}{\text{ताय}}$ ।

$= \frac{\text{ता (फि}^{७}\text{)}}{\text{ताफि}} \cdot \frac{\text{ता (२ य–१)}}{\text{ताय}}$

$= ७$ फि^{६} · २

$= १४$ (२ य–१)^{६} ।

फिर फि = लघु य रखने पर हमें प्राप्त होता है—

र = कोज फि,

जिसमें फि = लघु य ।

अतः $\frac{\text{तार}}{\text{ताय}} = \frac{\text{तार}}{\text{ताफि}} \cdot \frac{\text{ताफि}}{\text{ताय}}$

$= \frac{\text{ता (कोज फि),}}{\text{ताफि}} \cdot \frac{\text{ता (लघु य)}}{\text{ताय}}$

$= -$ ज्या फि $\frac{१}{\text{य}}$

$= - \frac{१}{\text{य}}$ ज्या (लघु य) ।

६३. उपर्युक्त नियम की विस्तृति हो सकती है । मान लो कि

र = फा (फि)

जिसमें फि = ब (फु)

और फु = भ (य)

उदाहरण के लिये, संबंध

$$र = इ^{ज्या (२ य + ५)}$$

को हम निम्नलिखित रूप में व्यक्त कर सकते हैं—

$$र = इ^{फि},$$

$$फि = ज्या\ फु,$$

$$और\ फु = २ य + ५ ।$$

हमें प्राप्त है $\frac{तार}{ताय} = \frac{तार}{ताफि} \cdot \frac{ताफि}{ताय}$ ।

$$परंतु\ \frac{ताफि}{ताय} = \frac{ताफि}{ताफु} \cdot \frac{ताफु}{ताय} ।$$

$$अतः\ \frac{तार}{ताय} = \frac{तार}{ताफि} \cdot \frac{ताफि}{ताफु} \cdot \frac{ताफु}{ताय} ।$$

किसी भी परिमित संख्या के फलनों के लिये ऐसा ही फल लागू होगा। इस प्रकार,

$$\frac{ता\ (प्रथम\ फलन)}{ताय} = \frac{ता\ (प्रथम\ फलन)}{ता\ (द्वितीय\ फलन)} \times$$

$$\frac{ता\ (द्वितीय\ फलन)}{ता\ (तृतीय\ फलन)} \times \ldots\ldots \times \frac{ता(अन्तिम\ फलन)}{ताय} ।$$

६४. प्रतिपन्न प्रश्न।

(१) ऊपर दिये हुये उदाहरण में

$$\frac{तार}{ताय} = \frac{तार}{ताफि} \cdot \frac{ताफि}{ताफु} \cdot \frac{ताफु}{ताय}$$

$$= \frac{\text{ता}\left(\text{इ}^{\text{फि}}\right)}{\text{ता फि}} . \frac{\text{ता (ज्या फु)}}{\text{ताफु}} . \frac{\text{ता (२ य+५)}}{\text{ताय}}$$

$$= \text{इ}^{\text{फि}} \text{कोज फु. २}$$

$$= \text{२ कोज (२ य+५) इ}^{\text{ज्या (२ य+५)}} \text{।}$$

(२) लघु { स्पज्या (कोज $\sqrt{\text{य}}$) } का अवकलन करो।

इस व्यंजक के लिये र रखने से हमें प्राप्त है

$$\text{र} = \text{लघु फि},$$

जिसमें $\text{फि} = \text{स्पज्या फु},$

$\text{फु} = \text{कोज फे}$

और $\text{फे} = \sqrt{\text{य}}$ ।

अतः $\frac{\text{तार}}{\text{ताय}} = \frac{\text{तार}}{\text{ताफि}} \frac{\text{ताफि}}{\text{ताफु}} \frac{\text{ताफु}}{\text{ताफे}} \frac{\text{ताफे}}{\text{ताय}}$

$$= \frac{\text{ता (लघु फि)}}{\text{ताफि}} \frac{\text{ता(स्पज्या फु)}}{\text{ताफु}} \frac{\text{ता(कोज फे)}}{\text{ताफे}} \frac{\text{ता}(\sqrt{\text{य}})}{\text{ताय}}$$

$$= \frac{1}{\text{फि}} \text{व्युकोज}^2\text{फु} (- \text{ज्या फे}) \frac{1}{2\sqrt{\text{य}}}$$

$$= \frac{1}{\text{स्पज्या फु}} \text{व्युकोज}^2\text{(कोज फे)} (- \text{ज्या फे}) \frac{1}{2\sqrt{\text{य}}}$$

$$= - \frac{1}{2\sqrt{\text{य}}} \text{ज्या}\sqrt{\text{य}}\,\text{व्युकोज}^2(\text{कोज}\sqrt{\text{य}})\text{कोस्प}(\text{कोज}\sqrt{\text{य}})$$

६५. परतन्त्र और स्वतन्त्र चलों का हेर-फेर ।

पिछले प्रमेय से हमें प्राप्त है—

$$\frac{\text{ताफो}}{\text{तार}} \frac{\text{तार}}{\text{ताय}} = \frac{\text{ताफो}}{\text{ताय}} \text{।}$$

अब मान लो कि फो = य । तो हमें हस्तगत है—

$$\frac{\text{ताय}}{\text{तार}} \frac{\text{तार}}{\text{ताय}} = \frac{\text{ताय}}{\text{ताय}}$$

$$= \underset{\text{टि}\to 0}{\text{सी}} \frac{(\text{य}+\text{टि}) - \text{य}}{\text{टि}}$$

$$= 1 \text{।}$$

इस प्रकार हमें निम्नलिखित फल प्राप्त होता है—

$$\frac{\text{तार}}{\text{ताय}} = \frac{1}{\frac{\text{ताय}}{\text{तार}}} \text{।}$$

यह फल किसी चित्र से भी प्रकट हो जायगा क्योंकि $\frac{\text{तार}}{\text{ताय}}$ और $\frac{\text{ताय}}{\text{तार}}$ कोण ३ की क्रमशः स्पर्ज्या और कोस्पर्ज्या हैं ।

६६. पिछला सूत्र उत्क्रम फलनों का अवकलन करने में बहुत उपयोगी है । उदाहरणतः, मान लो कि

$$\text{र} = \text{ज्या}^{-1}\text{य} \text{।}$$

$$\text{तो} \quad \text{य} = \text{ज्या र} \text{।}$$

इसलिये $\frac{ताय}{तार} = कोज\ र$ ।

अतः $\frac{तार}{ताय} = \frac{१}{\frac{ताय}{तार}} = \frac{१}{कोज\ र} = \frac{१}{\sqrt{१ - ज्या^२ र}}$

$$= \frac{१}{\sqrt{१ - य^२}} \text{ ।}$$

और चूँकि कोज $^{-१}$य $= \frac{\pi}{२} -$ ज्या $^{-१}$य,

इसलिये हमें यह भी प्राप्त हुआ कि

$$\frac{ता\ (कोज^{-१}य)}{ताय} = -\frac{ता\ (ज्या^{-१}य)}{ताय}$$

$$= -\frac{१}{\sqrt{१ - य^२}} \text{ ।}$$

व्यापक रूप में, मान लो कि

$$र = फ^{-१}\ (य)$$

$$तो\ य = फ\ (र)$$

$$और\ \frac{ताय}{तार} = फ'\ (र)$$

इसलिये, $\frac{तार}{ताय} = \frac{१}{\frac{ताय}{तार}} = \frac{१}{फ'\ (य)}$

$$= \frac{१}{फ'\left[फ^{-१}(य)\right]} ।$$

उपर्युक्त उदाहरण में "फ" "ज्या" है; अतः "फ'" का अर्थ होगा "कोज"। अतः

$$\frac{ता\,(ज्या^{-१}य)}{ताय} = \frac{१}{कोज\,(ज्या^{-१}य)}$$

$$= \frac{१}{\sqrt{१-य^{२}}} ।$$

प्रश्नमाला १४

अवकलन करो

१. कोज य कोज २ य, कोज $\sqrt{य}$ (बनारस १९४१),

य कोज^{२} य, ज्या $\left(इ^{य}\right)$

२. $\frac{१}{(२य+३)^{४}}$, $(क\,य+ख)^{सं}$

३. $\sqrt{य^{२}+क\,य+१}$, $\frac{१}{\sqrt{क\,य^{२}+ख\,य+ग}}$

४. ज्या^{ष} य कोज$^{सं}$ य, ज्या $\left\{स्पज्या\left(कोज\,य\right)\right\}$

५. कोज लघु य, ज्या कोज लघु य, $\frac{लघु\,लघु\,य}{य}$ (बनारस १९४१)

६. $ज्या^{-1}\frac{1}{\sqrt{1+य^2}}$, $इ^{\sqrt{कोस्प\,य}}$, $\frac{य\,कोज^{-1}य}{\sqrt{1-य^2}}$,

$स्पज्या^{-1}\left(\frac{कोज\,य}{1+ज्या\,य}\right)$ (बनारस १९४३)

७. $\frac{(2\,य-1)^2}{(3\,य+2)^2}$, $\left(\sqrt{य}-\frac{1}{\sqrt{य}}\right)^3$, $\frac{य^{सं}}{(क+य)^{सं}}$

८. $लघु\frac{क+ख\,य}{क-ख\,य}$, $लघु\left(य-\sqrt{य^2-1}\right)$,

$\left(य^3+य^2+1\right)$ लघु य।

९. $2^{य\,ज्या\,य}$, $\sqrt{कोज\sqrt{ज्या\sqrt{य}}}$, (बनारस १९४६)

$लघु\left[इ^{य}\left(\frac{य-2}{य+2}\right)^{\frac{3}{4}}\right]$

१०. चलों के हेर फेर की विधि से $व्युकोज^{-1}य$, $स्पज्या^{-1}य$,

$शरज^{-1}य$ का अवकलन करो।

११. उसी विधि से $\frac{1}{य}$, $\frac{1}{य^2}$, $\frac{1}{(क\,य+ग)^3}$ का अवकलन करो।

१२. यदि $य=2\,क\,ज्या^{-1}\sqrt{\frac{र}{2\,क}}-\sqrt{2क\,र-र^2}$,

तो $\frac{तार}{ताय}=\sqrt{\frac{2\,क-र}{र}}$

६७. लघुगणकीय अवकलन । रूप फि$^{फु}$ ।

जब र फि$^{फु}$ के रूप में होता है जिसमें फि एवं फु दोनों य के फलन हैं, तो अवकलन करने के पूर्व लघुगणक निकालना सुलभ होता है।

$$\text{यदि } र = फि^{फु},$$

$$\text{तो } लघु\ र = फु\ लघु\ फि ।$$

$$\text{इसलिये, } \frac{१}{र}\frac{तार}{ताय} = \frac{ताफु}{ताय} लघु\ फि + फु \frac{१}{फि}\frac{ताफि}{ताय},$$

$$\text{अतः } \frac{तार}{ताय} = फि^{फु-१}\left(फि \frac{ताफु}{ताय} लघु\ फि + फु \frac{ताफि}{ताय}\right)$$

यह मिश्र क्रिया लघुगणकीय अवकलन कहलाती है।

६८. प्रतिपन्न प्रश्न

(१) यदि $र = य^{य}$, (बनारस १९४३)

तो लघु र = य लघु य।

$$\therefore \frac{१}{र}\frac{तार}{ताय} = लघु\ य + १ ।$$

$$\text{अतः } \frac{तार}{ताय} = र\ (लघु\ य + १) = य^{य}\ (लघु\ य + १)$$

(२) $य^{ज्या\ य} + (स्पज्या\ य)^{कोज\ य}$ का अवकलन करो।

यहाँ हमें तत्काल लघुगणक नहीं लेना चाहिये।

मान लो कि फि $=$ य$^{\text{ज्या य}}$ ।

तो लघु फि $=$ ज्या य लघु य ।

$\therefore \frac{१}{\text{फि}} \frac{\text{ताफि}}{\text{ताय}} =$ ज्या य $\frac{१}{\text{य}}$ + कोज य लघु य ।

$$\text{अतः } \frac{\text{ताफि}}{\text{ताय}} = \text{य}^{\text{ज्या य}} \left(\frac{\text{ज्या य}}{\text{य}} + \text{कोज य लघु य} \right) \quad (६८.१)$$

फिर, मान लो कि फु $=$ (स्पज्या य)$^{\text{कोज य}}$

तो लघु फु $=$ कोज य लघु (स्पज्या य)

$$\therefore \frac{१}{\text{फु}} \frac{\text{ताफु}}{\text{ताय}} = - \text{ज्या य लघु (स्पज्या य)}$$

$$+ \text{कोज य} \ \frac{१}{\text{स्पज्या य}} \ \text{व्युकोज}^2 \text{ य।}$$

$$\text{अतः} \frac{\text{ताफु}}{\text{ताय}} = (\text{ स्पज्या य })^{\text{कोज य}}$$

$$[\text{ व्युज्या य} - \text{ज्या य लघु (स्पज्या य) }] \quad (६८.२)$$

अब अभीष्ट अवकल गुणक (६८.१) और (६८.२) का योग होगा ।

६९. उपरिलिखित साध्य की तीन महत्वपूर्ण अवस्थायें हैं ।

(क)—मान लो कि फु एक अचल है और फि य का फलन है ।

तो $\frac{\text{ताफु}}{\text{ताय}} = ०$, और उपरिलिखित साध्य का रूप

$$\frac{\text{तार}}{\text{ताय}} = \text{फु फि}^{\text{फु} - १} \frac{\text{ताफि}}{\text{ताय}}$$

हो जाता है जैसी हम फलन के रूप से आशा कर सकते थे ।

उदाहरणार्थ, मान लो कि $\text{र} = (\text{क य} + \text{ख})^{\text{सं}}$ ।

तो $\frac{\text{तार}}{\text{ताय}} = \text{सं} (\text{क य} + \text{ख})^{\text{सं} - १} \frac{\text{ता}}{\text{ताय}} (\text{क य} + \text{ख})$

$= \text{सं क} (\text{क य} + \text{ख})^{\text{सं} - १}$ ।

विशिष्ट अवस्था में, यदि क = १, ख = ०,

तो $\frac{\text{ता}}{\text{ताय}} (\text{य}^{\text{सं}}) = \text{सं य}^{\text{सं} - १}$ (देखो § ३१)

(ख)—यदि फि एक अचल है और फु य का फलन, तो

$$\frac{\text{ताफि}}{\text{ताय}} = ०,$$

और साध्य का रूप

$$\frac{\text{तार}}{\text{ताय}} = \text{फि}^{\text{फु}} \text{ लघु फि } \frac{\text{ताफु}}{\text{ताय}} \text{ ।}$$

हो जायगा ।

उदाहरणार्थ, यदि $\text{र} = \text{क}^{\text{ग य} + \text{घ}}$,

तो $\frac{\text{तार}}{\text{ताय}} = \text{क}^{\text{फु}} \text{ लघु क} \cdot \frac{\text{ता}}{\text{ताय}} (\text{गय} + \text{घ})$

$= \text{ग लघु क} \cdot \text{क}^{\text{ग य} + \text{घ}}$ ।

विशिष्ट अवस्था में, यदि ग = १, घ = ०,

$$\text{तो } \frac{\text{ता}}{\text{ताय}}\left(\text{क}^{\text{य}}\right) = \text{क}^{\text{य}} \text{ लघु क}$$ । (देखो § ३२)

(ग)—मान लो कि फि और फु दोनों य के फलन हैं। तो व्यापक सूत्र।

$$\frac{\text{तार}}{\text{ताय}} = \text{फि}^{\text{फु}} \text{ लघु फि } \frac{\text{ताफु}}{\text{ताय}} + \text{फु फि}^{\text{फु}-१} \frac{\text{ताफि}}{\text{ताय}}$$

उपरिलिखित दोनों अवस्थाओं का संमिश्रण है। अतः लघुगणक लेने के बदले, हम पहिले फि को अचल मान कर फु का अवकलन कर सकते हैं, फिर फु को अचल मान कर फि का अवकलन कर सकते हैं। दोनों का योग इच्छित फल होगा। उदाहरणार्थ, पिछले फलन।

$\text{य}^{\text{ज्या य}}$ (देखो § ६८ का प्रतिपन्न प्रश्न २)

पर दुबारा विचार करो।

ज्या य को अचल मानने से अवकल गुणक

$$\text{ज्या य} \cdot \text{य}^{\text{ज्या य} - १}$$

हुआ।

अब य को अचल मान लो। य के स्थान पर ण रखने से फलन

$$\text{णा}^{\text{ज्या य}}$$

हो गया, जिसका अवकल गुणक

$\text{णा}^{\text{ज्या य}}$ लघु णा कोज य अर्थात् $\text{य}^{\text{ज्या य}}$ लघु य कोज य है।

और इच्छित अवकल गुणक इन दोनों का योग है।

प्रश्नमाला १५

निम्नलिखित का अवकलन करो—

१. $(\text{क य}+\text{ख})^{\text{ग य}+\text{घ}}$, $(\text{कोज य})^{\text{य}}$, $\text{इ}^{\text{य ज्या य}}$।

२. $(\text{कोज}^{-1}\text{य})^{\text{य}}$, $\text{य}^{\text{कोज}^{-1}\text{य}}$, $(\sqrt{\text{य}})^{\text{इ}^{\text{य}}}$, $\text{इ}^{\text{य}^{\text{य}}}$।

३. $(\text{व्युकोज य})^{\text{स्पज्या य}}+(\text{स्पज्या य})^{\text{व्युकोज य}}$,

$\text{य}^{\text{कोज य}}+(\text{स्पज्या य})^{\text{य}}$।

४. $\text{य}^{\text{य}^{2}}+\text{य}^{2\text{य}}$, $(1+\text{कोज य})^{\text{ज्या य}}$।

५. $\text{इ}^{\text{ज्या य}}(\text{लघु स्पज्या य})$।

अध्याय ५

अनुकलन का अर्थ

७०. अनुकल

मान लो कि $र = य^२$

य का एक फलन है। य=२ से य=३ तक इस फलन के व्यवहार पर विचार करो। इस अन्तराल (२,३) को '२" की लम्बाई के पाँच बराबर भागों में बाँटो। जब य=२ तो $र=२^२$; जब य=२·२, तो $र=(२\cdot२)^२$; जब य=२·४, तब $र=(२\cdot४)^२$ इत्यादि। इनमें से र के प्रत्येक मान को उपान्तराल की लम्बाई से गुणा करो और सबको जोड़ दो। तो योग होगा—

$$(\cdot२)(२)^२+(\cdot२)(२\cdot२)^२+(\cdot२)(२\cdot४)^२+(\cdot२)\,२\cdot६)^२+(\cdot२)\,२\cdot८)^२*$$

$$=\cdot२\{२^२+(२\cdot२)^२+(२\cdot४)^२+(२\cdot६)^२+(२\cdot८)^२\}$$

यदि हम इस योग को यो से निरूपित करें तो यो=५·८

अब, अन्तराल (२,३) को '१" की लम्बाई के १० बराबर भाग करके संगत योग निकालो। तो, इस स्थिति में

$$यो=\cdot१\{२^२+(२\cdot१)^२+(२\cdot२)^२+(२\cdot३)^२+(२\cdot४)^२+(२\cdot५)^२+(२\cdot६)^२+(२\cdot७)^२+(२\cdot८)^२+(२\cdot९)^२\}$$

$$=६$$

---

* सरलता के लिये हम अन्तिम मान य = ३ को छोड़े देते हैं। परन्तु, जैसा आगे दर्शाया जायगा, इस मान को लेने से भी, अन्तिम फल में कोई अन्तर नहीं पड़ेगा।

अन्त में, यदि हम अन्तराल को बीस बराबर भागों में बाँटें—उनमें से प्रत्येक की लम्बाई '०५" होगी—और संगत योग निकालें तो हमें प्राप्त होगा—

$$यो = (\cdot ०५)\{२^2 + (२\cdot ०५)^2 + (२\cdot १)^2 + (२\cdot १५)^2 + (२\cdot २)^2 + \cdots\cdots + (२\cdot ८५)^2 + (२\cdot ९)^2 + (२\cdot ९५)^2\}$$

$$= ६\cdot २ \text{ (लगभग)}$$

इन फलों की एक तालिका बनाओ—

अन्तरालों की संख्या	५	१०	२०
प्रत्येक अन्तराल की लम्बाई	'२	'१	'०५
यो का मान	५'८	६	६'२

इस तालिका के अध्ययन से यह पता चलता है कि जैसे-जैसे अन्तरालों की संख्या बढ़ती जाती है और फलतः प्रत्येक की लम्बाई घटती जाती है, वैसे-वैसे यो का मान बढ़ता जाता है। इससे यह अनुमान निकलता है कि यदि अन्तरालों की संख्या और भी बढ़ायें और फलतः प्रत्येक की लम्बाई और भी घटायें तो कदाचित् यो का मान और भी बढ़ जायगा। अब मान लो कि अन्तरालों की संख्या असीमित रूप से बढ़ जाती है और फलतः प्रत्येक की लम्बाई असीमित रूप से घट जाती है। क्या यह सम्भव है कि जब अन्तराल की संख्या अनन्त की ओर जाये और प्रत्येक की लम्बाई ० की ओर जाये तो यो का मान एक निश्चित सीमा की ओर प्रवृत्त हो?

मान लो कि (२, ३) के मध्यस्थ अन्तरालों की संख्या सं और प्रत्येक की लम्बाई टि है। तो

$$३ = २ + सं\ टि \qquad (७०.१)$$

और $यो = टि \{ २^2 + (२ + टि)^2 + (२ + २\ टि)^2 + \ldots$

$\ldots\ldots + (२ + \overline{सं - १}\ टि)^2 \}$

$$= टि \sum_{चि=०}^{सं-१} (२ + चि\ टि)^2$$

$$= टि \left\{ \sum_{चि=०}^{सं-१} २^2 + ४\ टि \sum_{चि=०}^{सं-१} चि + टि^2 \sum_{चि=०}^{सं-१} चि^2 \right\}$$

$$= टि \{ सं.\ २^2 + ४\ टि\ (१ + २ + ३ + \cdots + सं - १)$$

$$+ टि^2 [१^2 + २^2 + ३^2 + \cdots (सं - १)^2] \}$$

$$= टि \{ सं.\ २^2 + २\ टि.\ सं\ (सं - १) + \frac{टि^2}{६} (सं - १) सं (२सं - १) \}$$

$$= २^2 सं\ टि + २\ सं\ टि\ (सं\ टि - टि) + \tfrac{१}{६}\ सं\ टि\ (सं\ टि - टि)$$

$$(२\ सं\ टि - टि)।$$

परन्तु (७०·१) से सं टि = १। अतः

$$यो = २^2 + २\ (१ - टि) + \tfrac{१}{६}\ (१ - टि)\ (२ - टि)।$$

और इसकी सीमा, जब $टि \to ०$,

$२^2 + २ + \frac{१}{३}$ अर्थात् $६\frac{१}{३}$ है।

अतएव, हम देखते हैं कि कम से कम इस विशिष्ट अवस्था में तो यो एक निश्चित सीमा की ओर प्रवृत्त होता है जब $सं \to \infty$ और फलतः $टि \to ०$।

अब, (२, ३) के स्थान पर य के अन्तराल (क, ख) पर विचार करो। हम इस अन्तराल को लम्बाई टि के सं उपान्तरालों में बाँट देते हैं, जिससे ख = क + सं टि। मान लो कि

$$\text{यो} = \text{टि}\ \{\text{क}^2 + (\text{क} + \text{टि})^2 + (\text{क} + २\ \text{टि})^2 + \cdots + (\text{क} + \overline{\text{सं} - १}\ \text{टि})^2\}$$

$$= \text{टि} \sum_{\text{चि}=०}^{\text{सं}-१} (\text{क} + \text{चि टि})^2$$

$$= \text{टि} \left[\sum_{\text{चि}=०}^{\text{सं}-१} \text{क}^2 + २\ \text{क टि} \sum_{\text{चि}=०}^{\text{सं}-१} \text{चि} + \text{टि}^2 \sum_{\text{चि}=०}^{\text{सं}-१} \text{चि}^2 \right]$$

$$= \text{टि}\ [\text{सं क}^2 + २\ \text{क टि}\ \{१ + २ + ३ \cdots + \overline{\text{सं} - १}\} + \text{टि}^2\ \{१^2 + २^2 + ३^2 + \cdots + (\text{सं} - १)^2\}]$$

$$= \text{टि} \left[\text{सं क}^2 + \text{क सं टि} (\text{सं} - १) + \frac{\text{सं}(\text{सं} - १)(२\text{सं} - १)}{६} \text{टि}^2 \right]$$

$$= \text{सं टि क}^2 + \text{क सं टि}\ (\text{सं टि} - \text{टि}) + \tfrac{१}{६}\ \text{सं टि} \times (\text{सं टि} - \text{टि})\ (२\ \text{सं टि} - \text{टि})$$

परंतु ख = क + सं टि, अर्थात् सं टि = ख − क।

$$\text{अतः यो} = \text{क}^2\ (\text{ख} - \text{क}) + \text{क}\ (\text{ख} - \text{क})\ (\text{ख} - \text{क} - \text{टि}) + \tfrac{१}{६}\ (\text{ख} - \text{क})\ (\text{ख} - \text{क} - \text{टि})\ (२\ \text{ख} - २\ \text{क} - \text{टि})$$

और, जब टि → ०, तो इसकी सीमा हुई

$$\text{क}^2\ (\text{ख} - \text{क}) + \text{क}\ (\text{ख} - \text{क})^2 + \tfrac{१}{३}\ (\text{ख} - \text{क})^3$$

$$=\frac{ख^3}{३}-\frac{क^3}{३}।$$

सीमा $\frac{ख^3}{३}-\frac{क^3}{३}$ "य के प्रति सीमाओं क तथा ख के मध्य $य^2$ का अनुकल" कहलाती है। उपर्युक्त विशिष्ट अवस्था में प्राप्त सीमा से भी यह फल सहमत है; क्योंकि जब क=२ और ख=३ तो यह $६\frac{१}{३}$ हो जाता है।

व्यापक रूप में मान लो कि

$$र = फ (य)$$

य का एक परिमित फलन है और (क, ख) य के विचारगत मानों का अन्तराल है। हम अन्तराल को लम्बाई टि के सं बराबर भागों में बाँट देते हैं।※ इस प्रकार

$$ख = क + सं टि$$

प्रत्येक मध्यागत मान क, क+टि, क+२ टि, क+३ टि,..., $क+\overline{सं - १}$ टि—के अनुसार हम र के संगत मान रखते हैं:

$$फ (क), फ (क+टि), फ (क+२ टि),..., फ (क+\overline{सं - १} टि)$$

$$तब, \lim_{टि \to ०} टि \left[फ (क)+फ (क+टि)+फ (क+२ टि) +...+फ (क+\overline{सं - १} टि)\right]‡$$

※ यहाँ भी टि के स्थान पर हम तोय का प्रयोग कर सकते हैं। हम इन दोनों का प्रयोग अवसर के अनुसार करेंगे।

‡ यह सरलता से दर्शाया जा सकता है कि यह सीमा परिमित है। क्योंकि, यदि योग का सब से बड़ा पद फ (क+चि टि) है तो योग

को "सीमाओं क और ख के मध्यस्थ य के प्रति फ (य) का अनुकल" कहते हैं और इसके लिखने की विधि

$$\int_{क}^{ख} फ (य) ताय$$

है। और इस सीमा को निकालने की क्रिया को फ (य) का "अनुकलन" कहते हैं। अतः

$$\int_{क}^{ख} फ (य) ताय = \underset{टि \to ०}{सी.} टि [फ (क) + फ (क + टि) + फ (क + २ टि) + \cdots + फ (क + \overline{सं - १} टि)]$$

अतः चिन्ह

$$\int_{क}^{ख} फ (य) ताय$$

का तात्पर्य यह है कि

(१) य के स्थान पर क्रमशः क, क + टि, क + २ टि......, क + $\overline{सं - १}$ टि रक्खो, और इस प्रकार फ (क), फ (क + टि), फ (क + २ टि)..., फ (क + $\overline{सं - १}$ टि) के मान निकालो;

(२) इन सबको जोड़ दो;

(३) योग को टि से गुणा करो;

(४) सम्बन्ध ख = क + सं टि

$< $ सं टि फ (क + चि टि)

अर्थात् $< $ (ख − क) फ (क + चि टि)

जो कि परिमित है क्योंकि न्यास से फ (य) क और ख के मध्यस्थ य के सब मानों के लिये परिमित है।

में से सं का मान स्थानापतित करो;

(५) फल की सीमा निकालो जब टि→०

यही फल अभीष्ट अनुकल होगा।

७१. यदि श्रेणी में हम सं पदों के बदले (सं+१) पदों का योग

$$टि \{ फ (क) + फ (क+टि) + \ldots + फ (क+\overline{सं-१}\, टि) + फ (क+सं\, टि) \}$$

लें तो अन्तर केवल अन्तिम पद

$$टि\ फ (क+सं\ टि)\ अर्थात्\ टि\ फ (ख)$$

का होगा जो ० की ओर जाता है जब टि→०। अतः यदि हम योग में अन्तिम मान य=ख को भी ले लें तो भी सीमा वही रहेगी।

७२. प्रतिपन्न प्रश्न

$$\int_{क}^{ख} कोज\ य\ ताय$$ का मान निकालो।

हमें सीमा

$$टि \{ कोज\ क + कोज (क+टि) + कोज (क+२\ टि) + \ldots + कोज (क+\overline{सं-१}\ टि) \}$$

$$अर्थात्\quad टि\ \frac{कोज \left(क+\frac{सं-१}{२} टि \right) ज्या\, \frac{सं\ टि}{२}}{ज्या\, \frac{टि}{२}}$$

का मान निकालना है।

अब सं टि = ख − क ।

अतः, अभीष्ट सीमा

$$= \lim_{टि \to ०} \left[\frac{टि}{२ \text{ ज्या } \frac{टि}{२}} \cdot २ \text{ कोज} \left(क + \frac{ख - क - टि}{२} \right) \text{ ज्या } \frac{ख - क}{२} \right]$$

$$= \lim_{टि \to ०} \frac{\frac{टि}{२}}{\text{ज्या } \frac{टि}{२}} \left[\text{ज्या} \left(ख - \frac{टि}{२} \right) - \text{ज्या} \left(क - \frac{टि}{२} \right) \right]$$

= ज्या ख − ज्या क ।

(२) $\int_{क}^{ख} \frac{१}{य^२}$ ताय का मान निकालो ।

अभीष्ट अनुकल

$$टि \left[\frac{१}{क^२} + \frac{१}{(क+टि)^२} + \frac{१}{(क+२\, टि)^२} + \ldots \frac{१}{ख^२} \right]$$

की सीमा है जब टि → ० ।

यह व्यञ्जक

$$> टि \left[\frac{१}{टि\,(क+टि)} + \frac{१}{(क+टि)(क+२\, टि)} + \ldots + \right.$$

$$\frac{1}{\text{ख}(\text{ख}+\text{टि})}\Bigg]$$

अर्थात् $> \left(\frac{1}{\text{टि}} - \frac{1}{\text{क}+\text{टि}}\right) + \left(\frac{1}{\text{क}+\text{टि}} - \frac{1}{\text{क}+2\,\text{टि}} + \ldots\right)$

$$+ \ldots\ldots + \left(\frac{1}{\text{ख}} - \frac{1}{\text{ख}+\text{टि}}\right)$$

अर्थात् $> \frac{1}{\text{क}} - \frac{1}{\text{ख}+\text{टि}}$

साथ ही, व्यञ्जक

$$< \text{टि}\left[\frac{1}{(\text{क}-\text{टि})\text{क}} + \frac{1}{\text{क}(\text{क}+\text{टि})} + \right.$$

$$\left.\frac{1}{(\text{क}+\text{टि})(\text{क}+2\,\text{टि})} + \ldots + \frac{1}{(\text{ख}-\text{टि})\text{ख}}\right]$$

अर्थात् $< \left(\frac{1}{\text{क}-\text{टि}} - \frac{1}{\text{क}}\right) + \left(\frac{1}{\text{क}} - \frac{1}{\text{क}+\text{टि}}\right) +$

$$\left(\frac{1}{\text{क}+\text{टि}} - \frac{1}{\text{क}+2\,\text{टि}}\right) + \ldots\ldots + \left(\frac{1}{\text{ख}-\text{टि}} - \frac{1}{\text{ख}}\right)$$

अर्थात् $< \frac{1}{\text{क}-\text{टि}} - \frac{1}{\text{ख}}$

और जब टि $\rightarrow 0$, इनमें से प्रत्येक $\frac{1}{\text{क}} - \frac{1}{\text{ख}}$ हो ज़ाता है।

अतः $\int_{\text{क}}^{\text{ख}} \frac{1}{\text{य}^2}\,\text{ता}\,\text{य} = \frac{1}{\text{क}} - \frac{1}{\text{ख}}$

प्रश्नमाला १६

मान निकालो—

(१) $\int_{क}^{ख} इ^{य} \, ताय$ (२) $\int_{क}^{ख} इ^{-य} \, ताय$

(३) $\int_{क}^{ख} य \, ताय$ (४) $\int_{1}^{2} य^{3} \, ताय$

(५) $\int_{0}^{\frac{\pi}{2}} ज्या \, क्ष \, ताक्ष$

७३. ज्यामितीय अर्थ । क्षेत्रफल

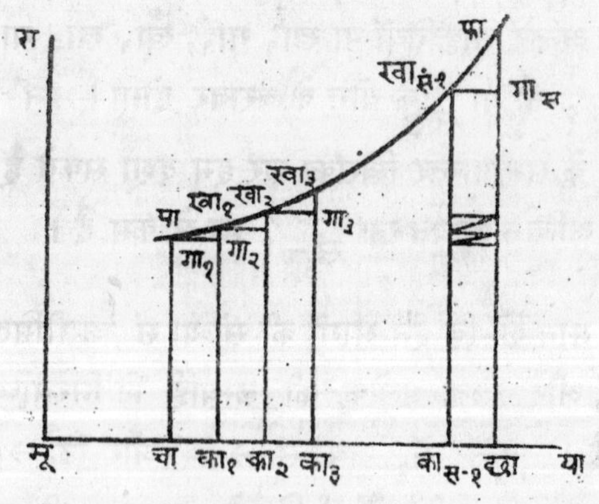

चित्र ११

मान लो कि पा फा एक वक्र है जिसका समीकरण

$$र = फ (य)$$

है।

मान लो कि पा, फा इस वक्र पर दो बिन्दु हैं जिनके भुज क, ख हैं। यदि पा चा, फा छा ⊥ याक्ष, तो चा छा = ख − क।

चा छा के स बराबर टुकड़े चा $का_१$, $का_१$ $का_२$, $का_२$ $का_३$... $का_{स-१}$ छा करो जिनमें से प्रत्येक की लम्बाई टि है। इन बिन्दुओं $का_१$, $का_२$, $का_३$,...$का_{सं-१}$ पर कोटियाँ खड़ी करो। इन कोटियों की लम्बाइयाँ फ (क), फ (क + टि), फ (क + २टि),... फ (क + $\overline{स - १}$ टि) होंगी। आयतों पा $का_१$, $खा_१$ $क_२$, $खा_२$ $का_३$......, $ख_{सं-१}$ छा को पूर्ण कर लो। तो इन आयतों का क्षेत्रफल आकृति पा चा छा फा के क्षेत्रफल से कम होगा, और दोनों का अन्तर आकृतियों पा $खा_१$ $गा_१$, $खा_१$ $खा_२$ $गा_२$,..... $खा_{सं-१}$ फा $गा_{सं}$ के योग के बराबर होगा। इन आकृतियों को याक्ष के समानान्तर खिसका कर हम दर्शा सकते हैं कि इन का योग अन्तिम आयत $खा_{सं-१}$ छा से कम है।

अब मान लो कि इन भागों की संख्या सं असीमित रूप से बढ़ती है, और फलतः प्रत्येक की लम्बाई टि निरवाध्य रूप से घटती है। अन्त में, जब सं → ∞ और टि → ०, आयत $खा_{सं-१}$ छा अपनी चौड़ाई टि के कारण ० की ओर प्रवृत्त

होगा और इस प्रकार आकृतियों पा खा$_{१}$ गा$_{१}$, खा$_{१}$ खा$_{२}$ गा$_{२}$... का योग अन्तर्ध्यान हो जायगा। अतः आयतों पा का$_{१}$, खा$_{१}$ का$_{२}$, खा$_{२}$ का$_{३}$......के योग की सीमा क्षेत्रफल पा चा छा फा हो जायगी। और इस सीमा का मान

$$\underset{टि \to ०}{\text{सी.}}\ टि\ [\ फ\ (\ क\ ) + फ\ (\ क + टि\ ) + फ\ (क + २\ टि) + \ldots$$

$$+ फ\ (\ क + \overline{सं - १}\ टि\ )\ ] \qquad (७३\cdot१)$$

अर्थात् $\int_{क}^{ख} फ\ (\ य\ )\ ताय$

होगा।

७४.

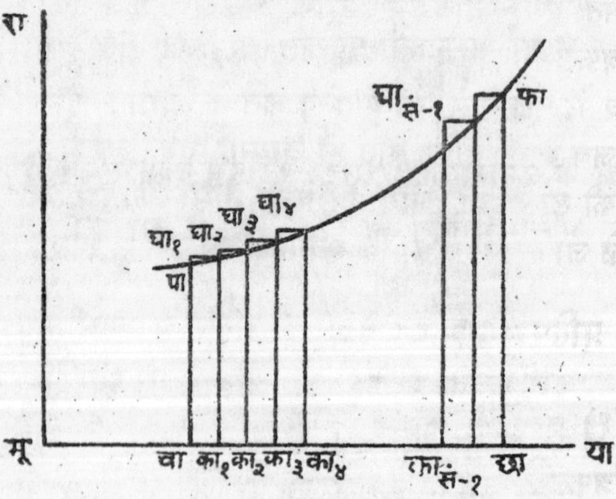

चित्र १२

यदि चित्र ११ में हम आयतों $का_1 पा, का_2 खा_1 \ldots$ $छा खा_{सं-1}$ के बदले आयतों $का_1 घा_1, का_2 घा_2 \ldots छा घा_{सं-1}$ का उपयोग करें तो हमें व्यंजक

$$टि [फ (क+टि)+फ (क+२ टि)+\ldots फ (क+सं - १ टि) + फ (क+सं टि)]$$

प्राप्त होगा।

इस व्यंजक और (७३·१) में अन्तर यह है कि यहाँ हमारे पास टि फ (क) के बदले टि फ (क+सं टि) अर्थात् टि फ (ख) है। चूँकि यह दोनों व्यञ्जक अन्तर्ध्यान हो जाते हैं जब टि→०, इसलिये सीमा वही होगी जो (७३·१) है।

७५. चलराशि कलन का ध्येय।

अतः ऐसा प्रतीत होता है कि चलराशि कलन का ध्येय वक्रों के क्षेत्रफल निकालने की कोई व्यापक विधि ज्ञात करना है। और वास्तव में वह ऐसी विधि निकालने के उद्योग का ही परिणाम है। जब ऐसी विधि ज्ञात हो जायगी, तब उसकी सहायता से वक्रों की लम्बाइयाँ और परिक्रम ठोसों के पृष्ठ और घनफल निकाले जा सकेंगे जैसा कि आगामी प्रकरणों से स्पष्ट हो जायगा।

७६. प्रतिपन्न प्रश्न

(१) वक्र $र = इ^{-य}$

का क्षेत्रफल य=२ से य=३ तक निकालो।

अभीष्ट क्षेत्रफल

$$= \int_{\text{२}}^{\text{३}} \text{इ}^{-\text{य}} \text{ ताय}$$

$$= \text{सी.}_{\text{टि}\to \text{०}} \text{ टि} \left[\text{इ}^{-\text{२}} + \text{इ}^{-(\text{२}+\text{टि})} + \text{इ}^{-(\text{२}+\text{२ टि})} + \ldots\ldots + \text{इ}^{-(\text{२}+\overline{\text{सं}-\text{१}}\text{ टि})} \right]$$

जब कि $\text{२}+\text{सं टि}=\text{३}$

अतः, क्षेत्रफल

$$= \text{इ}^{-\text{२}} \text{सी.}_{\text{टि}\to \text{०}} \text{ टि} \left[\text{१}+\text{इ}^{-\text{टि}} + \text{इ}^{-\text{२ टि}} + \ldots + \text{इ}^{-(\text{सं}-\text{१})\text{ टि}} \right]$$

$$= \text{इ}^{-\text{२}} \text{सी.}_{\text{टि}\to \text{०}} \text{ टि} \frac{\text{१}-\text{इ}^{-\text{सं टि}}}{\text{१}-\text{इ}^{-\text{टि}}}$$

$$= \text{सी.}_{\text{टि}\to \text{०}} \text{ टि} \frac{\text{इ}^{-\text{२}} - \text{इ}^{-(\text{२}+\text{सं टि})}}{\text{१}-\text{इ}^{-\text{टि}}}$$

परंतु $\text{सं टि}=\text{३}-\text{२}=\text{१}$ अतः, क्षेत्रफल

$$= \text{सी.}_{\text{टि}\to \text{०}} \text{ टि} \frac{\text{इ}^{-\text{२}} - \text{इ}^{-\text{३}}}{\text{१}-\text{इ}^{-\text{टि}}}$$

$$=\underset{\text{टि}\to 0}{\text{सी.}}\ \frac{\text{टि}}{\text{इ}^{\text{टि}}-१}\ \text{इ}^{\text{टि}}\left(\text{इ}^{-२}-\text{इ}^{-३}\right)$$

$$=\text{इ}^{-२}-\text{इ}^{-३}\ \text{(देखो § ८)}$$

(२) उस आकृति का क्षेत्रफल निकालो जो वक्र $\text{य}^{२}=४\,\text{क}\,\text{र}$, याक्ष और कोटि $\text{य}=\text{ग}$ से घिरी हुई हो।

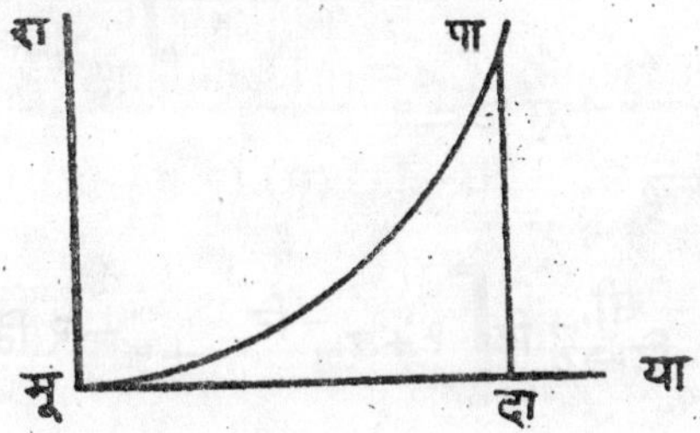

चित्र नं० १२

यहाँ हमें चित्र में प्रदर्शित आकृति मू दा पा का क्षेत्रफल ज्ञात करना है। मू दा = ग (एक अचल राशि)।

$$\text{अभीष्ट क्षेत्रफल}=\int_{0}^{\text{ग}}\text{र ताय}$$

$$=\int_{0}^{\text{ग}}\frac{\text{य}^{२}}{४\text{क}}\ \text{ताय}$$

$$=\underset{\text{टि}\to 0}{\text{सी.}}\ \text{टि}\left[\frac{\text{टि}^{२}}{४\text{क}}+\frac{(२\,\text{टि})^{२}}{४\text{क}}+\frac{(३\,\text{टि})^{२}}{४\text{क}}+\ldots\ldots+\frac{(\overline{\text{सं}-१}\,\text{टि})^{२}}{४\text{क}}\right]$$

$$= \frac{१}{४ क} \underset{टि \to ०}{सी.} टि^{3} [१^{2} + २^{2} + ३^{3} + \ldots + (सं - १)^{2}]$$

$$= \frac{१}{४ क} \underset{टि \to ०}{सी.} टि^{3} \frac{(सं - १) सं (२ सं - १)}{६}$$

$$= \frac{१}{४ क} \underset{टि \to ०}{सी.} \frac{(सं टि - टि) सं टि (२ सं टि - टि)}{६}$$

परंतु, इस दशा में, सं टि = ग। अतः क्षेत्रफल

$$= \frac{१}{४ क} \underset{टि \to ०}{सी.} \frac{(ग - टि) (ग) (२ ग - टि)}{६}$$

$$= \frac{१}{४ क} . \frac{२ ग^{3}}{६}$$

$$= \frac{ग^{3}}{१२ क}$$

प्रश्नमाला १७

निम्नलिखित वक्रों का क्षेत्रफल निकालो—

(१) $र = ग$ ज्या खय ; $य = ०$ से $य = \frac{\pi}{२ ख}$ तक।

(२) $र = क$ ज्या^{2} खय ; $य = ०$ से $य = \frac{\pi}{ख}$ तक।

(३) $र = ३ य^{2} + २ य$; $य = १$ से $य = २$ तक।

(४) परवल्य $य^{2} = ४ क र$ की वह कोटि ज्ञात करो जिसके और

याक्ष के बीच में स्थित् वक्र-भाग का क्षेत्रफल $\frac{२ क^२}{३}$ है

(५) र = ०, य = टि, और र = य स्पज्या अ द्वारा निर्मित त्रिभुज का क्षेत्रफल ज्ञात करो।

(६) य = − क, य = − ख, र = ० और २ य + ३ र = ० द्वारा निर्मित समलंबभुज का क्षेत्रफल ज्ञात करो।

७७. किसी परिक्रम ठोस का घनफल।

मान लो कि कोई वक्र पाफा याक्ष की परिक्रमा करता है और हमें इस प्रकार निर्मित ठोस का घनफल ज्ञात करना है।

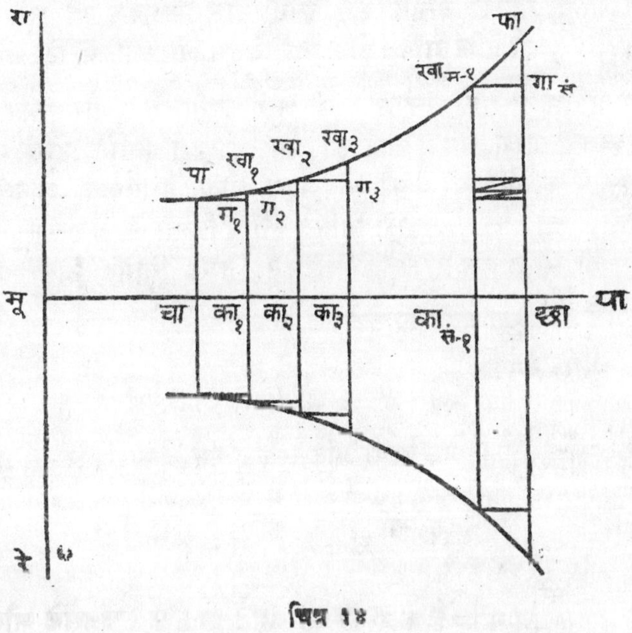

चित्र १४

मान लो कि

$$र = फ(य)$$

वक्र का समीकरण है। चित्र ११ की भाँति आयत $पा का_१$, $खा_१ का_२$,...बना लो। यह आयत वक्र पाफा के मूया की परिक्रमा करने पर समान मोटाई टि के वृत्तीय बिम्ब बनायेंगे। इन बिम्बों के घनफल क्रमशः $\pi . पाचा^२ . टि$, $\pi . खा_१ का_१^२ टि$,......, $\pi . खा_{सं-१} का_{सं.-१}^२ टि$. हैं।

यह दर्शाया जा सकता है कि आकृतियों $पा खा_१ गा_१$, $खा_१ खा_२ गा_२$,...द्वारा निर्मित सब छोटे ठोस मिलाकर भी आयत $खा_{स-१}$ छा द्वारा निर्मित ठोस से छोटे हैं। और ज्यों-ज्यों $टि \to ०$, इस अंतिम ठोस का घनफल ० की ओर जाता है और फलतः आकृतियों $पाखा_१ गा_१$, $खा_१ खा_२ गा_२$...द्वारा निर्मित ठोसों के घनफलों का योग भी ० की ओर प्रवृत्त होता है। अतः आयतों $पाका_१$, $खा_१ का_२$,...द्वारा निर्मित वृत्तीय बिम्बों के घनफलों के योग की सीमा वक्र पाफा की परिक्रमा द्वारा निर्मित ठोस का घनफल है।

सुतरां घनफल

$$= \underset{टि \to ०}{सी.} [\pi . पाचा^२ . टि + \pi . खा_१ का_१^२ . टि + ... + \pi \, खा_{सं-१} का^२_{सं-१} टि]$$

$$= \underset{टि \to ०}{सी} [\pi \{फ(क)\}^२ टि + \pi \{फ(क + टि)\}^२$$

$$\text{टि} + \pi\{\text{फ}(\text{क}+२\,\text{टि})\}^2\,\text{टि} + \ldots\ldots\ldots + \pi\{\text{फ}(\text{क}+\overline{\text{सं}-१}\,\text{टि})\}^2\,\text{टि}]$$

$$= \pi \underset{\text{टि}\to ०}{\text{सी.}}\ \text{टि}\ [\{\text{फ}(\text{क})\}^2+\{\text{फ}(\text{क}+\text{टि})\}^2+\{\text{फ}(\text{क}+२\,\text{टि}\}^2+\ldots+\{\text{फ}(\text{क}+\overline{\text{सं}-१}\,\text{टि})\}]$$

$$= \pi \int_{\text{क}}^{\text{ख}} \{\text{फ़}(\text{य})\}^2\,\text{ताय}$$

$$= \pi \int_{\text{क}}^{\text{ख}} \text{र}^2\ \text{ताय}\,।$$

७८. प्रतिपन्न उदाहरण।

एक अर्ध-गोल के घनफल का सूत्र निकालो।

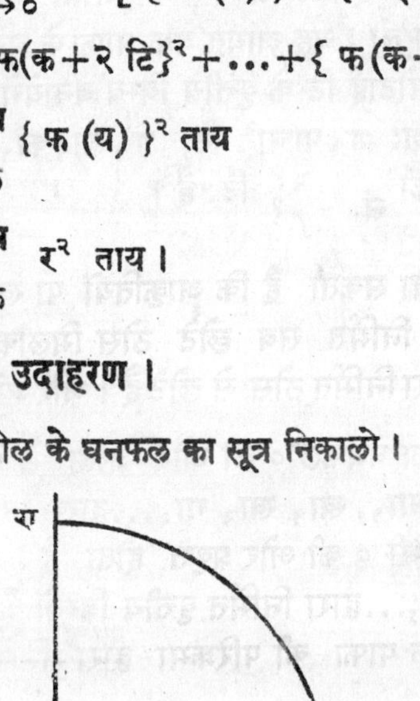

चित्र १५

मान लो कि अर्धगोल एक वृत्त के एक चरण यामूरा के परिक्रमण द्वारा निर्मित होता है; और वृत्त का समीकरण

$$\text{य}^2+\text{र}^2=\text{क}^2$$

है।

तो अभीष्ट घनफल

$$= \pi \int_{0}^{क} र^{2} \, ताय$$

$$= \pi \int_{0}^{क} (क^{2} - य^{2}) \, ताय$$

$$= \pi \underset{टि \to 0}{सी.\,टि} \sum_{चि=0}^{सं-१} (क^{२} - चि^{२} टि^{२})$$

$$= टि\, \pi \underset{टि \to 0}{सी.} [संक^{२} - टि^{२} \{ १^{२} + २^{२} + ३^{२} + \ldots + (सं - १)^{२} \}]$$

$$= \pi \underset{टी \to 0}{सी.} \left[सं टिक^{२} - \frac{संटि(संटि - टि)(२ संटि - टि)}{६} \right]$$

परंतु यहाँ संटि = क।

$$अतः\ घनफल = \pi \underset{टि \to 0}{सी.} \left[क^{3} - \frac{क(क - टि)(२क - टि)}{६} \right]$$

$$= \pi \left(क^{3} - \frac{२\ क^{3}}{६} \right)$$

$$= \frac{२}{३} \pi क^{3}।$$

प्रश्नमाला १८

निम्नलिखित वक्रों के द्वारा याक्ष की परिक्रमा करने पर बने हुये ठोसों के घनफल ज्ञात करो:—

(१) $र^2 = ४ क य$; शीर्ष से $य = घ$ तक।

(२) प्रश्नमाला १५ प्रश्न १ में दिया हुआ वक्र।

(३) $र = इ^{२य}$; $य = क$ से $य = ख$ तक।

(४) $र = य$; $य = ०$ से $य = ग$ तक।

(५) अर्धशीर्ष कोण अ और ऊँचाई ऊं के एक लाम्बिक वर्त्तुल शंकु का घनफल ज्ञात करो।

(शंकु का निर्माण प्रश्नमाला १७ प्रश्न ५ में दिये गये △ के परिक्रमण से होता है।)

(६) दीर्घवृत्त

$$\frac{य^2}{क^2} + \frac{र^2}{ख^2} = १$$

की (१) दीर्घाक्ष (२) लघ्वक्ष की परिक्रमा द्वारा निर्मित ठोस का घनफल निकालो।

अध्याय ६

मूल प्रमेय

७९. इस प्रकरण में हम देखेंगे कि अनुकलन की क्रिया का एक और भी अर्थ होता है।

मान लो कि फ (य) य का एक ऐसा फलन है जो य के दिये हुये परिमित मानों के बीच परिमित है।

तब, जैसा कि हम ऊपर देख चुके हैं,

$$\int_{\text{क}}^{\text{ख}} \text{फ (य) ता य}$$

का अर्थ है—

$$\underset{\text{टि}\to 0}{\text{सी.}}\ \text{टि}\left[\text{फ (क)} + \text{फ (क} + \text{टि)} + \text{फ (क} + \text{२टि)} + \cdots + \text{फ(क} + \overline{\text{सं} - \text{१}}\,\text{टि)}\right]$$

जब कि ख − क = सं टि।

मान लो कि ब (य) एक फलन है जिसका अवकल गुणक फ (य) है,* अर्थात्

$$\text{फ (य)} = \text{ब}'\text{ (य)}।$$

तो हम सिद्ध करेंगे कि

---

* यह मान लिया गया है कि फ (य) सतत है।

$$\int_{क}^{ख} फ\,(य) = ब\,(ख) - ब\,(क)\,। \qquad (७९:१)$$

परिभाषा से हमें प्राप्त है—

$$फ\,(क) = \underset{टि \to ०}{सी.}\ \frac{ब\,(क + टि) - ब\,(क)}{टि}$$

अतएव $$फ\,(क) = \frac{ब\,(क + टि) - ब\,(क)}{टि} + ति_{१},$$

जिसमें $ति_१$ एक अल्पराशि है जो, जैसे-जैसे टि→० वैसे-वैसे, शून्य की ओर जाती है। इस प्रकार

$$टि\ फ\,(क) = ब\,(क + टि) - ब\,(क) + टि\ ति_{१}\,।$$

इसी प्रकार हमें प्राप्त होगा:

$$टि\ फ\,(क + टि) = ब\,(क + २टि) - ब\,(क + टि) + टि\ ति_{२},$$

$$टि\ फ\,(क + २टि) = ब\,(क + ३टि) - ब\,(क + टि) + टि\ ति_{३},$$

....

....

$$टि\ फ\,(क + \overline{सं - २}टि) = ब\,(क + \overline{सं - १}टि) - ब(क + \overline{सं - २}टि) + टि\ ति_{सं - १},$$

$$टि\ फ\,(क + \overline{सं - १}टि) = ब\,(क + सं\ टि) - ब\,(क + \overline{सं - १}\ टि) + टि\ ति_{सं},$$

जिसमें ति $_{१}$, ति $_{२}$, ..., ति $_{सं}$ ऐसी राशियाँ हैं जो, जैसे-जैसे टि→० वैसे-वैसे, ० की ओर जाती हैं।

तब, जोड़ने से,

$$टि\,[\,फ\,(क)+फ\,(क+टि)+फ\,(\,क+२\,टि\,)+\ldots+फ\,(ख-टि)]$$

$$=ब\,(क+सं\,टि)-ब\,(क)+टि\left(ति_{१}+ति_{२}+\ldots+ति_{सं}\right)$$

यदि ति राशियों, $ति_{१}$, $ति_{२}$,..., $ति_{सं}$, में सबसे बड़ी हो, तो

$$टि\left(ति_{१}+ति_{२}+\ldots+ति_{सं}\right)<संटिति।$$

$$अर्थात्\ <(ख-क)\,ति,$$

और इसलिये सीमा में ० की ओर जाती है। इस प्रकार

$$\underset{टि\to ०}{सी.}\,टि\,[फ\,(क)+फ\,(क+टि)+फ\,(क+२\ टि)+\ldots+फ\,(ख-टि)]$$

$$=ब\,(ख)-ब\,(क)।$$

फल स्वरूप, $\int_{क}^{ख} फ\,(य)\,ताय=ब\,(ख)-ब\,(क)$।

यदि हम

$$\underset{टि\to ०}{सी.}\ टि\ [\,फ\,(क)+फ\,(क+टि)+फ\,(क+२टि)+\ldots+फ\,(ख-टि)+फ\,(ख)\,]=ब\ (ख)-ब\,(क)$$

रक्खें तो यह भी समान रूप से सत्य होगा क्योंकि, जब टि→० तब, पद टि फ (ख) लुप्त हो जाता है।

समीकरण (७९·१) को कभी-कभी

$$\int_{क}^{ख} फ\,(य)\, ताय = \Big[\, ब\,(य) \,\Big]_{क}^{ख}$$

रूप में भी लिखा जाता है।

सुतरां, $\int_{क}^{ख} फ\,(य)\, ताय$

का मान ज्ञात करने की सरलतर रीति यह है कि

(१) वह फलन ब (य) ज्ञात करो जिसका अवकल गुणक फ (य) है।

(२) जब य = ख और य = क, तब ब (य) के मान ज्ञात करो।

(३) ब (ख) का ब (क) के ऊपर आधिक्य ज्ञात करो।

इस विधि से अभीष्ट फल प्राप्त हो जायगा।

८०. प्रतिपन्न उदाहरण।

मान निकालो—

$$\int_{क}^{ख} य^{८}\, ताय, \quad \int_{१}^{२} ३^{य}\, ताय, \quad \int_{०}^{\frac{\pi}{४}} व्युकोज^{२} य\, ताय \,।$$

अवकलन से हमें प्राप्त होता है कि,

$$\frac{ता}{ताय}\left(\frac{य^९}{९}\right)=\frac{१}{९}.९.य^८$$

$$=य^८ ।$$

$$अतः \int_{क}^{ख} य^८ \; ताय = \left[\frac{य^९}{९}\right]_{क}^{ख}$$

$$=\frac{ख^९ - क^९}{९}$$

$$और, \; \frac{ता}{ताय}\left(\frac{३^य}{लघु\;३}\right) = \frac{१}{लघु\;३}.\;३^य\;.\;लघु\;३$$

$$=३^य ।$$

$$अतः \int_{१}^{२} ३^य \; ताय = \left[\frac{३^य}{लघु\;३}\right]_{१}^{२}$$

$$=\frac{३^२ - ३}{लघु\;३}$$

$$=\frac{६}{लघु\;३} ।$$

हम जानते हैं कि

$$\frac{ता}{ताय}(\text{स्पज्या } य) = \text{व्युकोज}^२ य ।$$

$$\text{अतः} \int_{0}^{\frac{\pi}{४}} \text{व्युकोज}^{२}\,\text{य} = \Big[\text{स्पज्या य}\Big]_{0}^{\frac{\pi}{४}}$$

$$= १ \text{।}$$

प्रश्नमाला १९

कलन करो—

(१) $\int_{२}^{५} \text{य ताय}$ (२) $\int_{0}^{१} \text{य}^{२०}\,\text{ताय}$ (३) $\int_{१}^{२} \frac{१}{\sqrt{\text{य}}}\,\text{ताय}$

(४) $\int_{0}^{\frac{\pi}{२}} \text{कोज य ताय}$ (५) $\int_{0}^{\frac{\pi}{२}} (-\text{ज्या य})\,\text{ताय}$

(६) $\int_{१}^{२} \frac{१}{\text{य}}\,\text{ताय}$ (७) $\int_{\frac{\pi}{४}}^{\frac{\pi}{२}} (-\,\text{व्युज्या}^{२}\,\text{य})\,\text{ताय}$

(८) $\int_{0}^{१} \frac{१}{\sqrt{१-\text{य}^{२}}}\,\text{ताय}$ (९) $\int_{\text{क}}^{\text{ख}} (\text{य} - \text{ज्या य})\,\text{ताय}$ ।

८१ शब्दावली

$$\int_{\text{क}}^{\text{ख}} \text{फ (य) ताय} = \text{व (ख)} - \text{व (क)}$$

के बायें हाथ वाले अनुकल को हम **निश्चित अनुकल** कहते हैं; ख तथा क क्रमशः उच्च एवं निम्न सीमायें कहलाती हैं।

हम § ७४ में देख चुके हैं कि ख का कुछ भी परिमित मान हो सकता है। इस प्रकार ख को य से स्थानापतित करने पर हमें प्राप्त होता है

$$\int_{क}^{य} फ\,(य)\ ताय = ब\,(य) - ब\,(क)\,।$$

यह **शोधित अनुकल** कहलाता है।

यह भी कोई आवश्यक नहीं है कि ख परिमित ही हो।

अनुकल $\int_{१}^{\infty} \frac{१}{य^2}$ ताय

पर विचार करो।

हम जानते हैं कि

$$\frac{ता}{ताय}\left(-\frac{१}{य}\right) = \frac{१}{य^2}$$

अतः $\int_{१}^{\infty} \frac{१}{य^2} = \left[-\frac{१}{य}\right]_{१}^{\infty}$ ।

अब, $\left[-\frac{१}{य}\right]_{१}^{\infty}$ का अर्थ हम $\underset{ख \to \infty}{सी.}\left[-\frac{१}{य}\right]_{१}^{ख}$ लगाते हैं।

यह सीमा $= \underset{\text{ख} \to \infty}{\text{सी.}} \left(१ - \frac{१}{\text{ख}} \right) = १$ ।

अतः $\int_{१}^{\infty} \frac{१}{\text{य}^{२}} \text{ताय} = १$ ।

इस लिये $\int_{\text{क}}^{\infty} \text{फ (य) ताय}$ का अर्थ सदैव

$$\underset{\text{ख} \to \infty}{\text{सी.}} \int_{\text{क}}^{\text{ख}} \text{फ (य) ताय}$$

अर्थात् $\underset{\text{ख} \to \infty}{\text{सी.}} \left\{ \text{ब (य)} \right\}_{\text{क}}^{\text{ख}}$

होता है ।

कभी-कभी किसी-किसी अनुकल में कोई भी सीमा नहीं दी होती । इस प्रकार के अनुकल

$$\int \text{फ (य) ताय}$$

को **अनिश्चित अनुकल** कहते हैं । इसका अर्थ केवल यह होता है कि वह फलन ब (य) ज्ञात करो जिसका अवकल गुणक फ (य) है ।

८२. चलन-कलन का ध्येय था : दिये हुये फलन का अवकल-गुणक ज्ञात करना । उपर्युक्त से प्रतीत होता है कि चलराशिकलन का ध्येय है : वह फलन ज्ञात करना जिसका अवकल-गुणक दिया हुआ फलन है ।

दूसरे शब्दों में, चलन-कलन में हमें दिया गया था कि

$$र = फ (य)$$

और हमें एक ऐसा फलन फ′ (य) ज्ञात करना था कि

$$\frac{तार}{ताय} = फ' (य) ।$$

चलराशि कलन में हमें यह पिछला समीकरण दिया होता है और हमें फलन फ (य) ज्ञात करना होता है।

८३. संकेत-लिपि ।

सुतरां, अनुकलन को चलन-कलन का उत्क्रम मानते हुये हम संबंध

$$\int फ (य) ताय = ब (य)$$

को इस प्रकार लिख सकते हैं

$$\left(\frac{ता}{ताय}\right)^{-१} फ (य) = ब (य),$$

$$ता^{-१} फ (य) = ब (य),$$

या $$\frac{१}{ता} फ (य) = ब (य) ।$$

और स्पष्ट है कि $\frac{ता}{ताय}\int फ (य) ताय = फ (य)$,

क्योंकि यह बराबर है $\frac{ता}{ताय}\left[ब (य)\right]$ अर्थात् ब′ (य) अर्थात्

फ (य) के।

अतः अनुकलन चिह्न के पहिले अवकलन चिह्न रखने से वही मौलिक फलन प्राप्त होजाता है जिसका अनुकलन करना हो।

अनुकल $\int$ फ (य) ताय को कभी कभी सुविधानुसार इस प्रकार $\int$ ताय फ (य) भी लिखते हैं।

८४. प्रतिपन्न प्रश्न

(१) अनुकलन करो— $\int य^{११}$ ताय, $\int य^{-११}$ ताय,
$\int (२ य - ३)^{२}$ ताय, $\int (४ - य)^{-३}$ ताय।

स्पष्ट है कि $\frac{ता}{ताय}\left(\frac{य^{१२}}{१२}\right)=\frac{१}{१२}\cdot १२\, य^{११}=य^{११}$

अतः $\int य^{११}\, ताय=\frac{य^{१२}}{१२}$

फिर, $\frac{ता}{ताय}\left(-\frac{१}{१०}य^{-१०}\right)=-\frac{१}{१०}(-१०)य^{-११}$

$=य^{-११}$

अतः $\int य^{-११} ताय = -\frac{य^{-१०}}{१०}$

$\frac{ता}{ताय}\left\{\frac{(२\, य-३)^{३}}{६}\right\}=\frac{१}{६}.३\,(२\, य-३)^{२}.२=(२य-३)^{२}$

$\therefore \int (२\, य-३)^{२}\, ताय=\frac{१}{६}(२\, य-३)^{३}$

और $\frac{\text{ता}}{\text{ताय}} \left\{\frac{१}{२}(४-\text{य})^{-२}\right\} = (४-\text{य})^{-३}$

अतः $\int (४-\text{य})^{-३}\ \text{ताय} = \frac{१}{२}(४-\text{य})^{-२}$

(२) अनुकलन करो $\int \left(-\frac{१}{१+\text{ज्या}\ २\ \text{य}}\right) \text{ताय}$

हमें प्राप्त है।

$$\frac{१}{१+\text{ज्या}\ २\ \text{य}} = \frac{१}{\text{ज्या}^{२}\ \text{य}+\text{कोज}^{२}\ \text{य}+२\ \text{ज्या}\ \text{य}\ \text{कोज}\ \text{य}}$$

$$= \frac{१}{(\text{ज्या}\ \text{य}+\text{कोज}\ \text{य})^{२}} = \frac{१}{२\text{ज्या}^{२}\left(\text{य}+\frac{\pi}{४}\right)}$$

अतः अभीष्ट अनुकल

$$\int \left\{-\frac{१}{२\ \text{ज्या}^{२}\left(\text{य}+\frac{\pi}{४}\right)}\right\} \text{ताय}$$

$$\int \left\{-\frac{१}{२}\ \text{व्युज्या}^{२}\left(\text{य}+\frac{\pi}{४}\right)\right\} \text{ताय}$$

$$= \frac{१}{२}\ \text{कास्प}\left(\text{य}+\frac{\pi}{४}\right)$$

(३) श्रेणी

$$\frac{१}{२\ \text{सं}} + \frac{१}{२\ \text{सं}+१} + \frac{१}{२\ \text{सं}+२} + \frac{१}{२\ \text{सं}+(\text{सं}-१)}$$

के योग की सीमा निकालो जब सं असीमित रूप से बढ़ता है।
अभीष्ट योग

$$\frac{\text{सी.}}{\text{सं}\to\infty}\ \frac{१}{\text{सं}}\left[\frac{१}{२}+\frac{१}{२+\frac{१}{\text{सं}}}+\frac{१}{२+\frac{२}{\text{सं}}}+\ldots+\frac{१}{२+\frac{\text{सं}-१}{\text{सं}}}\right]$$

मान लो कि $\text{टि}=\frac{१}{\text{सं}}$। सुतरां टि $\to$ ० जब सं $\to\infty$. तो

सीमा

$$=\frac{\text{सी.}}{\text{टि}\to ०}\ \text{टि}\left[\frac{१}{२}+\frac{१}{२+\text{टि}}+\frac{१}{२+२\,\text{टि}}+\ldots+\frac{१}{२+(\text{सं}-१)\,\text{टि}}\right].$$

परंतु सं टि = १. अतः, सीमा

$$=\int_{०}^{१}\frac{\text{ताय}}{२+\text{य}}.$$

किन्तु हम जानते हैं कि $\text{लघु}\,(२+\text{य})=\frac{१}{२+\text{य}}$

$$\text{अतः}\quad \int_{०}^{१}\frac{\text{ताय}}{२+\text{य}}=\Big[\,\text{लघु}\,(२+\text{य})\,\Big]_{०}^{१}=\text{लघु}\,३-\text{लघु}\,२.$$

प्रश्नमाला २०

र का मान निकालो जब कि $\frac{\text{तार}}{\text{ताय}}$ का मान निम्नलिखित है—

(१) $\text{इ}^{\text{य}}$ (२) $-\frac{१}{२\sqrt{\text{य}}}$ (३) $(११\text{य}+४)^{-३}$

(४) $(२-३\ \text{य})^{-५}$

(५) अनुकलन करो $\int$ क ज्या ख य ताय, $\int$ क कोज ख य ताय.

(६) एक वक्र के प्रत्येक बिन्दु (य, र) पर $\frac{\text{तार}}{\text{ताय}} = २\ \text{य}^{२}$। वक्र का समीकरण ज्ञात करो।

(७) अनुकलन करो $\int \frac{२\ \text{ताय}}{१-\text{ज्या}\ २\text{य}}$

(८) मान निकालो $\underset{\text{सं}\to\infty}{\text{सी.}} \left[\frac{१}{२\text{य}} + \frac{१}{\sqrt{४\,\text{सं}^{२}-१^{२}}} + \frac{१}{\sqrt{४\text{सं}^{२}-२^{२}}} + \cdots\cdots + \frac{१}{\sqrt{४\text{सं}^{२}-(\text{सं}-१)^{२}}}\right]$

(९) सिद्ध करो कि

$$\underset{\text{सं}\to\infty}{\text{सी.}}\left[\frac{१}{\text{सं}} + \frac{१}{\sqrt{\text{सं}^{२}+\text{सं}}} + \frac{१}{\sqrt{\text{सं}^{२}+२\text{सं}}} + \cdots\cdots + \frac{१}{\sqrt{\text{सं}^{२}+(\text{सं}-१)\,\text{सं}}}\right] = २(\sqrt{२}-१).$$

१०. निम्नलिखित वक्तव्यों का विवेचन करो—

(१) अनुकलन एक प्रकार का योग ही है।

(२) अनुकलन उत्क्रम अवकलन है।

और सिद्ध करो कि यदि हम इनमें से किसी एक को न्यास मान कर चलें तो दूसरा फलस्वरूप निकल आयेगा।

८५. वेग और गतिवृद्धि

चलन कलन में हम देख चुके हैं कि यदि किसी कण की गति का नियम दिया है तो हम किसी समय स पर उसका वेग और गतिवृद्धि ज्ञात कर सकते हैं। यहाँ हमारे सम्मुख उसकी विलोम समस्या है : किसी समय स पर एक कण का वेग या गतिवृद्धि दी है; उसकी गति का नियम निकालो।

८६. प्रतिपन्न प्रश्न

(१) हम § २६ के प्रतिपन्न प्रश्न के प्रथम भाग के फल से आरम्भ करेंगे और न्यास को फल स्वरूप प्राप्त करेंगे।

समय स पर एक कण का वेग २१ - १४ स है। गति का नियम निकालो।

हमें हस्तगत है $\frac{\text{ता दू}}{\text{ता स}} = २१ - १४\ \text{स}$।

$\therefore \text{दू} = \int (२१ - १४\ \text{स})\ \text{ता स}$

वह व्यंजक जिसका अवकल गुणक २१ - १४ स है, २१ स - ७ स^2 है। अतः

$$दू = २१ स - ७ स^2 ;$$

और यही गति का नियम है।

(२) सिद्ध करो कि यदि एक रेलगाड़ी की गतिवृद्धि अचल है तो उसका स्थानान्तर उसके समयान्तर के वर्ग का अनुक्रमानुपाती है।

(देखो § २९)

हमें हस्तगत है

$$\frac{ता}{तास}\left(\frac{तादू}{तास}\right) \text{अर्थात्} \frac{ता^2 दू}{तास^2} = अचल = ग \text{ (मान लो)।}$$

$$\text{तो } \frac{तादू}{तास} = \int ग \, तास = गस$$

$$\text{अतः } दू = \int गस \, तास = \frac{1}{2} गस^2$$

सुतराम $दू \propto स^2$ ❀

प्रश्नमाला २१

१. एक कण का वेग किसी समय स पर २स+११ है। गति का नियम ज्ञात करो।

२. यदि किसी समय स पर एक रेलगाड़ी का वेग $स^2$ फिट प्रति सेकिण्ड है तो वह ५ मिनट में कितनी दूर चलेगी ?

३. प्रश्नमाला ७ प्रश्न ४ के फल (गतिवृद्धि) से चलो और न्यास (गति का नियम) प्राप्त करो।

❀ इन प्रश्नों के फल प्रायोगिक हैं क्योंकि हमने अभी तक अनुकलन के अचल का उपानयन नहीं किया है।

४. यदि एक कण का गतिह्रास समय के वर्ग का उत्क्रमानुपाती है तो सिद्ध करो कि वेग का उत्क्रम समय का अनुपाती है।

५. एक कण की गतिवृद्धि क ब्या खस है। गति का नियम निकालो।

६. आरम्भ से स सेकिण्ड पश्चात् एक कण का वेग

वे = स (स − १) (स − २)

है। सिद्ध करो कि कण एक सरल रेखा में चलता है और २ सेकिण्ड में अपने आदि स्थान पर लौट आता है।

(बनारस १९४६)

अध्याय ७

मूल साध्य

नियत रूप

८७. मूल नियम (क)

(१) ० का अनुकल कोई भी अचल है, क्योंकि किसी भी अचल का अवकल ० है।

कलन की भाषा में,

$$\because \frac{\text{ता}}{\text{ताय}}(\text{ग}) = 0,$$

$$\therefore \int 0 \ \text{ताय} = \text{ग}\ ।$$

(२) किसी फलन के अनुकल में कोई भी अचल जोड़ा जा सकता है।

$$\text{यदि}\quad \frac{\text{ता}}{\text{ताय}}\,\text{ब}\,(\text{य}) = \text{फ}\,(\text{य}),$$

$$\text{तो}\ \frac{\text{ता}}{\text{ताय}}\{\text{ब}\,(\text{य}) + \text{ग}\} = \text{फ}\,(\text{य})$$

$$\text{अतः}\ \int \text{फ}\,(\text{य})\ \text{ताय} = \text{ब}\,(\text{य}) + \text{ग}$$

जिसमें ग कोई स्वेच्छ अचल है।

विशिष्ट स्थितियों में अतिरिक्त न्यास से यह अचल निश्चित हो सकता है जैसा निम्नांकित प्रतिपन्न प्रश्नों से प्रगट होगा।

प्रतिपन्न प्रश्न

(१) $\frac{१}{\sqrt{१-य^२}}$ का वह अनुकल ज्ञात करो जिसका मान १ है जब य $= ०$

हमें हस्तगत है

$$\int \frac{ताय}{\sqrt{१-य^२}} = ज्या^{-१} य + ग,$$

जिसमें ग एक स्वेच्छ अचल है।

परन्तु जब य $= ०$, $(ज्या^{-१} य + ग) = १$

$$\therefore ग = १$$

अतः अभीष्ट अनुकल $ज्या^{-१} य + १$ है।

(२) बिन्दु (१,२) के मध्येन एक वक्र के किसी बिन्दु (य, र) पर $य^२ \frac{तार}{ताय} = -१$. वक्र का समीकरण निकालो।

हमें हस्तगत है $\frac{तार}{ताय} = -\frac{१}{य^२}$.

अतः $र = \int \left(-\frac{१}{य^२}\right) ताय = \frac{१}{य} + ग$।

परन्तु वक्र बिन्दु (१,२) में से गुज़रता है।

अतः $२ = १ + ग$, अर्थात् $ग = १$

अतएव, अभीष्ट वक्र

$र = \frac{१}{य} + १$ अर्थात् $यर = य + १$ है।

(३) प्रश्नमाला २१ प्रश्न १ में मान लो कि एक विशिष्ट दशा यह दी है कि $स = ०$ जब $दू = ३$. गति का नियम ज्ञात करो।

हमें प्राप्त है $\frac{ता\ दू}{ता\ स} = २\ स + ११.$

अतः $दू = \int (२\ स + ११)\ तास = स^२ + ११स + ग.$

परन्तु, जब $स = ०$, $दू = ३$.

$\therefore ३ = ० + ० + ग$ अर्थात् $ग = ३$.

अतः गति का नियम

$दू = स^२ + ११स + ३$

है।

८८ गति विज्ञान पर प्रयोग

अब हम कलन की विधि से गतिविज्ञान के तीनों मूल समीकरण सिद्ध करते हैं।

मान लो कि एक कण, आदि वेग व और अचल गतिवृद्धि ग से, एक सरल रेखा में चलता है।

मान लो कि वह समय स में दूरी दू उत्तरित करता है। यदि इस क्षण का वेग वे है तो

$$\frac{\text{ता}^2\text{ दू}}{\text{ता स}^2} = \text{ग} \quad \text{अर्थात्} \frac{\text{ता वे}}{\text{ता स}} = \text{ग}$$

अनुकलन करने से, वे = ग स + अ,

जिसमें अ एक अचल है। परन्तु जब स = ० तो वे = व।
अतः अ = व।

$\therefore$ वे = व + ग स (८८·१)

अब, (८८.१) से, $\frac{\text{तादू}}{\text{तास}}$ = व + ग स

$\therefore$ दुबारा अनुकलन करने से,

दू = व स + $\frac{१}{२}$ ग स^2 + आ।

परन्तु जब दू = ० तो स = ०; अतः आ = ०

$\therefore$ दू = व स + $\frac{१}{२}$ ग स^2 (८८.२)

अन्त में, $\text{ग} = \frac{\text{ता वे}}{\text{ता स}} = \frac{\text{ता वे}}{\text{ता दू}} \cdot \frac{\text{ता दू}}{\text{ता स}} = \text{वे} \frac{\text{ता वे}}{\text{ता दू}}$।

अतः, दू के प्रति अनुकलन करने से,

$\frac{१}{२}$ वे^{2} = ग दू + इ

परन्तु जब दू = ० तो वे = व

$\therefore$ वे^{2} = व^2 + २ ग दू (८८.३)

प्रश्नमाला २२

१. दिया है कि $\frac{\text{तार}}{\text{ताय}}$ = व्युकोज^2 य और र = १ जब य = ०. र

ज्ञात करो।

२. व्युज्या य का वह अनुकल निकालो जो अन्तर्ध्यान हो जाता है जब य = ०.

३. (०, २) के मध्येन खींचा गया वह वक्र ज्ञात करो जिसके प्रत्येक बिन्दु, (य, र) पर $इ^{य}\frac{तार}{ताय}+३=०$.

४. किसी समय स पर एक कण का वेग २ क स + ख है। गति का नियम ज्ञात करो—दिया है कि दू = ग जब स = ०.

५. किसी समय स पर एक कण की गतिवृद्धि $\frac{२}{स^{३}}$ है। गति का नियम निकालो; दिया है कि जब स = १, वे = २, दू = ४.

६. सिद्ध करो कि यदि प्रश्नमाला २१ प्रश्न ३ में यह विशिष्ट शर्तें लगायें कि दू = वे = ० जब स = ०, अर्थात् स, दू, वे एक साथ अन्तर्ध्यान होते हैं तो फल में कोई अन्तर नहीं पड़ेगा।

८९. भविष्य में हम अनुकलन का अचल वहीं देंगे जहाँ आवश्यक होगा।

$य^{सं}$ का अनुकलन $(सं \neq -१)$

हमें तत्काल प्राप्त है $\frac{ता}{ताय}\left(\frac{य^{सं+१}}{सं+१}\right)=य^{सं}$ ।

अतः $\int य^{सं}\, ताय=\frac{य^{सं+१}}{सं+१}$.

इस प्रकार $\int य^{७}\, ताय = \frac{य^{८}}{८}$ और $\int य^{-\frac{३}{४}}\, ताय = ४य^{\frac{१}{४}}$.

१०. $\frac{१}{य}$

हम जानते हैं कि $\frac{ता}{ताय}$ (लघु य) $= \frac{१}{य}$.

अतः $\int \frac{ताय}{य} =$ लघु य ।

यह उपरिलिखित नियम का अपवाद प्रतीत होता है। परन्तु वास्तव में ऐसा नहीं है। हमें हस्तगत है

$$\int य^{सं}\, ताय = \frac{य^{सं+१}}{सं+१} + ग,$$

जिसमें ग एक स्वेच्छ अचल है। अतः

$$\int य^{सं}\, ताय = \left(\frac{य^{सं+१}}{सं+१} - \frac{१}{सं+१}\right) + \left(ग + \frac{१}{सं+१}\right)$$

$$= \frac{य^{सं+१} - १}{सं+१} + गि,$$

जिसमें गि $= ग + \frac{१}{सं+१}$ और इस प्रकार यह भी एक स्वेच्छ अचल है।

सीमा लेने से, हमें प्राप्त है

$$\underset{\text{सं}\to -1}{\text{सी.}} \int \text{य}^{\text{सं}}\ \text{ताय} = \underset{\text{सं}\to -1}{\text{सी.}} \frac{\text{य}^{\text{सं}+1} - 1}{\text{सं}+1} + \text{गि}$$

$$= \underset{\text{क}\to 0}{\text{सी.}} \frac{\text{य}^{\text{क}} - 1}{\text{क}} + \text{गि}$$

$$= \text{लघु य} + \text{गि} \qquad (१८)$$

$$\text{अतः} \int \frac{\text{ताय}}{\text{य}} = \text{लघु य} + \text{गि},$$

जब कि अनुकल में एक ऋणात्मक अनन्त भाग $-\frac{1}{\text{सं}+1}$ और एक स्वेच्छ अचल गि निहित है।

९१. हमें तत्काल प्राप्त है

$$\frac{\text{ता}}{\text{ताय}} \left\{ \frac{(\text{कय}+\text{ख})^{\text{सं}+1}}{(\text{सं}+1)\ \text{क}} \right\} = (\text{कय}+\text{ख})^{\text{सं}},$$

$$\text{और } \frac{\text{ता}}{\text{ताय}} \left\{ \frac{\text{लघु}\ (\text{क य}+\text{ख})}{\text{क}} \right\} = \frac{1}{\text{क य}+\text{ख}}.$$

$$\text{अतः} \int (\text{क य}+\text{ख})^{\text{सं}}\ \text{ताय} = \frac{(\text{क य}+\text{ख})^{\text{सं}+1}}{\text{सं}+1}$$

$$\text{और} \int \frac{\text{ताय}}{\text{क य}+\text{ख}} = \frac{1}{\text{क}}\ \text{लघु}\ (\text{क य}+\text{ख}).$$

९२. प्रतिपन्न प्रश्न

$$(1) \int (2\,\text{य} - 3)^4\ \text{ताय} = \frac{(2\,\text{य} - 3)^5}{5.2} = \frac{1}{10}(2\text{य} - 3)^5$$

$$\int (४ - ३\,य)^{-\frac{२}{३}}\, ताय = \frac{(४ - ३\,य)^{\frac{१}{३}}}{\frac{१}{३}(-३)} = -(४ - ३\,य)^{\frac{१}{३}}.$$

$$(२) \int \frac{ताय}{२० य - १३} = \frac{१}{२०}\, लघु\, (२० य - १३),$$

$$\int \frac{ताय}{४ - ५ य} = -\frac{१}{५}\, लघु\, (४ - ५ य).$$

९३. कभी २ हमें इस प्रकार

$$\left[फ(य)\right]^{सं} . फ'(य) \text{ और } \frac{फ'(य)}{फ(य)}$$

के व्यंजकों का अनुकलन करना होता है। हमें तत्काल प्राप्त है

$$\frac{ता}{ताय}\left[\frac{१}{सं + १}\left\{फ(य)\right\}^{सं + १}\right] = \left\{फ(य)\right\}^{सं} फ'(य)$$

$$\text{और } \frac{ता}{ताय}\{ लघु\, फ(य) \} = \frac{फ'(य)}{फ(य)}.$$

$$\text{अतः } \int \left\{फ(य)\right\}^{सं} फ'(य)\, ताय$$

$$= \frac{१}{सं + १}\left\{फ(य)\right\}^{सं + १}$$

$$\text{और } \int \frac{फ'(य)}{फ(य)}\, ताय = लघु\, फ(य).$$

इनमें से दूसरा नियम, जो बहुत महत्त्वपूर्ण है, इन शब्दों में लिखा जा सकता है : एक ऐसी भिन्न का अनुकल जिसका अंश उसके हर का अवकल गुणक है, होगा :

लघु (हर)

९४. प्रतिपन्न प्रश्न

$$(१)\ \int \frac{२\ ताय}{२\ य+५} = लघु\ (२\ य+५).$$

$$\int \frac{(४\ य-३)\ ताय}{२\ य^{२}-३\ य+५} = लघु\ (२\ य^{२}-३\ य+५).$$

$$(२)\ \int (५\ य^{२}-३\ य+२)^{३}\ (१०\ य-३)\ ताय = \frac{१}{४}(५\ य^{२}-३\ य+२)^{४}$$

$$\int (लघु\ य+२)\ \frac{ताय}{य} = (लघु\ य+२)^{२}.$$

$$(३)\ \int कोस्प\ य\ ताय = \int \frac{कोज\ य}{ज्या\ य}\ ताय = लघु\ ज्या\ य.$$

$$\int स्पज्या\ य\ ताय = \int \frac{स्पज्या\ य\ व्युकोज\ य}{व्युकोज\ य}\ ताय = लघु\ व्युकोज\ य.$$

प्रश्नमाला २३

निम्नलिखित के अनुकल लिखो—

१. $य^{२४३},\ य^{-\frac{११}{३}},\ य^{ग}.$

२. $(१५\ य-२)^{-\frac{११}{२}},\ (२-१५\ य)^{\frac{११}{२}},\ (१५\ य-२)^{-\frac{११}{२}},$

$(२-१५\ य)^{-\frac{११}{२}},\ (क-ख\ य)^{सं}.$

३. $\frac{१}{ख-क\ य},\ \frac{१}{क-ख\ य},\ \frac{१}{(५\ य+२)^{\frac{३}{२}}}.$

४. $\left(इ^{य} + लघु\,य\right)^{\frac{3}{2}}\left(इ^{य} + \frac{1}{य}\right)$,

$(क\,य^2 + ख\,य + ग)^{सं}\,(2\,क\,य + ख)$,

$-\,(ग - ख\,य - क\,य^2)^{स}\,(2\,क\,य + ख)$.

५. $\frac{2\,क\,य + ख}{क\,य^2 + ख\,य + ग}, \frac{1}{य}, \frac{1}{य\,लघु\,य}, \frac{2\,य + 3}{(य^2 + 3\,य - 2)^{\frac{3}{2}}}$.

६. $\frac{इ^{य} - इ^{-य}}{इ^{य} + इ^{-य}}, \frac{1}{\sqrt{1 - य^2}\,ज्या^{-1}य}, -\frac{1}{ज्या\,य\,कोज\,य}$.

७. $ज्या^{-4}\,य\,कोज\,ग$. (बनारस १९४३)

८. मान निकालो $\int_0^1 \frac{य\,ताय}{\sqrt{1 + य^2}}$ (बनारस १९४५)

९. $\int (5\,य^2 - 10\,य + 17)^2\,(य - 1)\,ताय$।

९५. नियत रूप—अब निम्नलिखित नियत रूप याद कर लेने चाहिये।

$$\int य^{सं}\,ताय = \frac{य^{सं+1}}{सं+1} \quad (सं \neq -1).$$

$$\int \frac{ताय}{य} = लघु\,य.$$

$$\int क^{य}\,ताय = \frac{क^{य}}{लघु\,क}.$$

$$\int इ^{य} \text{ ताय} = इ^{य}$$

$$\int इ^{कय} \text{ ताय} = \frac{१}{क} इ^{कय}.$$

∫ कोज य ताय = ज्या य.

∫ ज्या य ताय = − कोज य.

∫ व्युकोज^2 य ताय = स्पज्या य.

∫ व्युज्या^{2} य ताय = − कोस्प य.

∫ व्युकोज य स्पज्या य ताय = व्युकोज य.

∫ व्युज्या य कोस्प य ताय = − व्युज्या य.

∫ स्पज्या य ताय = लघु व्युकोज य.

∫ कोस्प य ताय = लघु ज्या य.

$$\int \frac{\text{ताय}}{\sqrt{क^2 - य^2}} = \text{ज्या}^{-१} \frac{य}{क} \text{ या } - \text{कोज}^{-१} \frac{य}{क}.$$

$$\int \frac{\text{ताय}}{क^2 + य^2} = \frac{१}{क} \text{स्पज्या}^{-१} \frac{य}{क} \text{ या } - \frac{१}{क} \text{कोस्प}^{-१} \frac{य}{क}.$$

$$\int \frac{\text{ताय}}{य\sqrt{य^2 - क^2}} = \frac{१}{क} \text{व्युकोज}^{-१} \frac{य}{क} \text{ या } - \frac{१}{क} \text{व्युज्या}^{-१} \frac{य}{क}.$$

$$\int \frac{\text{ताय}}{\sqrt{२ क य - य^2}} = \text{शरज}^{-१} \frac{य}{क} \text{ या } - \text{कोशरज}^{-१} \frac{य}{क}.$$

९६. मूल नियम [ख]

(३) ∫ ग फि ताय = ग ∫ फि ताय,

जिसमें ग एक अचल है और फि य का एक फलन।

मान लो कि $\frac{\text{ताफु}}{\text{ताय}}$ = फि,

तो फु = ∫ फि ताय.

हमें हस्तगत है $\frac{\text{ता}}{\text{ताय}}$ (ग फु) = ग $\frac{\text{ता फु}}{\text{ताय}}$ = ग फि

अतः ग फु = ∫ ग फि ताय,

अर्थात् ग ∫ फि ताय = ∫ ग फि ताय.

अतएव अनुकलन की क्रिया अचलों के अनुसार व्यत्यय-शील है।

(४) ∫ (फि + फु + फे + ···) ताय = ∫ फि ताय
+ ∫ फु ताय + ∫ फे ताय + ···

हमें हस्तगत है

$$\frac{\text{ता}}{\text{ताय}}\left[\int \text{फि ताय} + \int \text{फु ताय} + \ldots\ldots\right]$$
$$= \text{फि} + \text{फु} + \text{फे} \ldots\ldots$$

अतः ∫ (फि + फु + फे + ...) ताय = ∫ फि ताय
+ ∫ फु ताय + ∫ फे ताय + ...

अतः अनुकलन की क्रिया विकलनशील है।

९७. प्रतिपन्न प्रश्न

(१) ∫ (२ य^2 − ६ य + ३) ताय = ∫ २ य^2 ताय
− ∫ ६ य ताय + ∫ ३ ताय.
= २ ∫ य^{2}ताय − ६ ∫ य ताय + ३ ∫ ताय
= $\frac{2}{3}$ य^3 − ३ य^2 + ३ य.

$$२) \int \frac{य+२}{य+८} \text{ ताय} = \int \left\{ १ + \left(\frac{य+२}{य+८} - १ \right) \right\} \text{ताय}$$

$$= \int \text{ताय} - ६ \int \frac{\text{ताय}}{य+८} = य - ६ \text{ लघु } (य+८).$$

$$(३) \int \text{ज्या}^२ \text{ क्ष ताक्ष} = \int \frac{१ - \text{कोज } २ \text{ क्ष}}{२} \text{ताक्ष}$$

$$= \tfrac{१}{२} \int \text{ता क्ष} - \tfrac{१}{२} \int \text{कोज } २ \text{ क्ष ताक्ष}$$

$$= \tfrac{१}{२} \text{ क्ष} - \tfrac{१}{४} \text{ ज्या } २ \text{ क्ष} = \tfrac{१}{२} (\text{क्ष} - \text{ज्या क्ष कोज क्ष})$$

प्रश्नमाला २४

निम्नलिखित के अनुकल लिखो—

१. $य + इ^{य}$, $य^२ - \frac{१}{य}$, $क\,य + \frac{ख}{य^२}$, $क\,य^२ + ख\,य + ग$.

२. $\text{कोज}^२ य$, $\text{ज्या}^३ य$, ज्या य कोज य, ज्या चय कोज छय.

३. $\text{ज्या}^{स}$ य कोज य, $\text{स्पज्या}^४ य \; \text{व्युकोज}^२ य$, $\frac{\text{व्युज्या}^{-१} य}{य\sqrt{य^२ - १}}$

४. $\frac{य}{य+क}$, $\frac{य+क}{य}$, $\frac{य}{क-य}$, $\frac{क-य}{य}$

५. $\frac{क\,य^२ + ख\,य + ग}{य^४}$, $\frac{ग - ख\,य - क\,य^२}{य^३}$, $\frac{१}{य^२ - ६\,य + १३}$,

$\frac{१}{४\,य^२ - ४\,य + ५}$.

६. $\frac{इ^{य}}{इ^{य} + ११}$, $\frac{१}{\text{कोस्प य लघु व्युकोज य}}$, $४^{य} + य^{३}$.

७. $\frac{१}{य\sqrt{य^{२} - १२१}}$, $\sqrt{६य - य^{२}}$

८. मान निकालो $\int_{0}^{\frac{\pi}{२}} ज्या^{२} य \, ताय$.

९. मान निकालो $\int_{0}^{\frac{\pi}{२}} ज्या^{३} क्ष \, ता क्ष$.

अध्याय ८

स्थानापत्ति की विधि

९८. मुख्य प्रमेय

$$\int \text{फ (य) ताय} = \int \text{फ (य)} \frac{\text{ता य}}{\text{ता श}} \text{ता श}$$

इस सूत्र की सहायता से हम चल य को दूसरे चल श में बदल सकते हैं और अनुकल्य को ऐसे रूप में ढाल सकते हैं जो सरलता से अनुकलित हो सके।

मान लो कि $\text{र} = \int \text{फ (य) ताय}$,

अतः $\frac{\text{ता र}}{\text{ता य}} = \text{फ (य)}$.

चूँकि र य का फलन है और य श का फलन है, अतएव र श का भी फलन हुआ। अतः

$$\frac{\text{ता र}}{\text{ता श}} = \frac{\text{ता र}}{\text{ता य}} \cdot \frac{\text{ता य}}{\text{ता श}} = \text{फ (य)} \frac{\text{ता य}}{\text{ता श}}$$

$$\therefore \text{र} = \int \text{फ (य)} \frac{\text{ता य}}{\text{ता श}} \text{ताश}$$

अर्थात् $\int \text{फ (य) ताय} = \int \text{फ (य)} \frac{\text{ता य}}{\text{ताश}} \text{ताश}$.

अनुकलन की यह विधि सबसे अधिक शक्तिशाली है। किसी विशिष्ट स्थिति में हमें केवल ताय के बदले

$\frac{\text{ताय}}{\text{ताश}}$ ताश रखना है और फ (य) को श के पदों में लिखना है। इसका उपयोग निम्नलिखित प्रतिपन्न प्रश्नों से स्पष्ट हो जायगा।

९९. प्रतिपन्न प्रश्न

(१) अनुकलन करो, $\int \frac{\text{ज्या}\sqrt{\text{य}}}{\sqrt{\text{य}}}$ ताय.

मान लो कि $\text{य} = \text{श}^2$,

$$\text{अतः ताय} = \frac{\text{ताय}}{\text{ताश}} \text{ ताश} = २ \text{ श ताश}.$$

$$\therefore \int \frac{\text{ज्या}\sqrt{\text{य}}}{\sqrt{\text{य}}} \text{ ताय} = \int \frac{\text{ज्या श}}{\text{श}} . २ \text{ श ताश}$$

$$= २ \int \text{ज्या श ताश} = - २ \text{ कोज श} = - २ \text{ कोज}\sqrt{\text{य}}.$$

(२) मान निकालो $\int_{२}^{३} \frac{\text{य ताय}}{१ + \text{य}^2}$

पहिली विधि

$$\int_{२}^{३} \frac{\text{य ताय}}{१ + \text{य}^2} = \frac{१}{२} \int_{२}^{३} \frac{२ \text{ य ताय}}{१ + \text{य}^2}$$

$$= \frac{१}{२} \Big[\text{लघु}. \left(१ + \text{य}^2 \right) \Big]_{२}^{३} = \frac{१}{२} \Big[\text{लघु } १० - \text{लघु } ५ \Big]$$

$$= \frac{१}{२} \text{ लघु } २.$$

दूसरी विधि

मान लो कि य = स्पज्या क्ष,

अतः ताय = व्युकोज^2 क्ष ताक्ष.

$$\text{तो अनुकल} = \int_{य=२}^{य=३} \frac{\text{स्पज्या क्ष व्युकोज}^2 \text{ क्ष ताक्ष}}{१ + \text{स्पज्या}^2 \text{ क्ष}}$$

$$\int_{य=२}^{य=३} \text{स्पज्या क्ष ताक्ष} = \Big\{ \text{लघु व्युकोज क्ष} \Big\}_{य=२}^{य=३}$$

अब, स्पज्या क्ष = य.

$\therefore$ व्युकोज क्ष $= \sqrt{१ + य^2}$

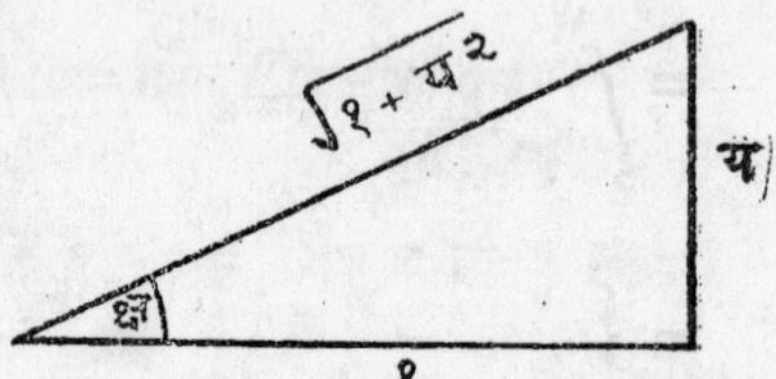

चित्र नं० १६

$$\text{सुतराम्, अनुकल} = \Big\{ \text{लघु} \sqrt{१ + य^2} \Big\}_{२}^{३}$$

$$= \text{लघु}\sqrt{१०} - \text{लघु}\sqrt{५} = \tfrac{१}{२} \text{ लघु } १० - \tfrac{१}{२} \text{ लघु } ५ = \tfrac{१}{२} \text{ लघु } २.$$

(३) मान निकालो $\int_{०}^{\frac{\pi}{२}}$ ज्या^{2} य कोज^3 य ताय

(बनारस १९४१, ४६)

मान लो कि ज्या य = श,

अतः $कोज\ य \frac{ताय}{ताश} = १$ अर्थात् $ताय = \frac{१}{कोज\ य}$ ताश

और, जब य = ०, श = ०;

जब $य = \frac{\pi}{२}$, श = १.

$$\text{अतः} \int_{०}^{\frac{\pi}{२}} ज्या^{२}\, य\ कोज^{३}\, य\ ताय = \int_{०}^{१} ज्या^{२}\, य\ कोज^{२}\, य\ ताश$$

$$= \int_{०}^{१} श^{२}\,(१ - श^{२})\ ताश = \int_{०}^{१} श^{२}\ ताश - \int_{०}^{१} श^{४}\ ताश$$

$$= \left\{ \frac{१}{३} श^{३} - \frac{१}{५} श^{५} \right\}_{०}^{१} = \frac{१}{३} - \frac{१}{५} = \frac{२}{१५}.$$

(४) मान निकालो— $\int_{१}^{५} \frac{ताश}{\sqrt{१५ + २\,श - श^{२}}}.$

(बनारस १९४६)

मौल चिन्ह के अन्दर का व्यंजक

$= १५ - (श^{२} - २\,श) = १६ - (श - १)^{२}.$

अतः श = १ + य और फलतः ताश = ताय रक्खो ।

जब श = १, य = ०;

और जब श = ५, य = ४.

$$\therefore \int_{१}^{५} \frac{\text{ताश}}{\sqrt{१५+२\text{श}-\text{श}^{२}}} = \int_{०}^{४} \frac{\text{ताय}}{\sqrt{१६-\text{य}^{२}}}$$

$$\left(\text{ज्या}^{-१}\frac{\text{य}}{४}\right)_{०}^{४} = \frac{\pi}{२}.$$

प्रश्नमाला २५

अनुकलन करो—

१. $\text{क}\,\text{इ}^{\text{य}}$ कोज $(\text{इ}^{\text{य}})$, $\frac{\text{इ}^{\text{स्पज्या}^{-१}\text{य}}}{१+\text{य}^{२}}$

(बनारस १९४१),

$\frac{\text{य}^{२}}{१+\text{य}^{६}}.$

२. $\frac{१}{(१+\text{य})\sqrt{१-\text{य}^{२}}}$ (य = कोज क्ष रक्खो)

३. मान निकालो—$\int_{०}^{\frac{\pi}{२}} \text{ज्या}^{२}\text{य}$ कोज य ताय.

४. मान निकालो—$\int_{१}^{\text{इ}} \frac{(\text{लघु य})^{३}}{\text{य}}$ ताय.

५. मान निकालो—$\int_{-१}^{०} \frac{\text{ताश}}{\sqrt{-\text{श}^{२}-२\text{श}}}$

(श = य − १ रक्खो)

६. मान निकालो— $\int_{3}^{2+\sqrt{2}} \frac{\text{ताय}}{(\text{य}-2)\sqrt{\text{य}^2-4\text{य}+3}}$

१००. यह सरलता से दर्शाया जा सकता है कि §§९१, ९३ के चारों रूप उपरिलिखित प्रमेय की विशिष्ट दशायें हैं। उदाहरणार्थ

$$\int (\text{क य} + \text{ख})^{\text{सं}}\, \text{ताय और} \int \frac{\text{फ}'(\text{य})}{\text{फ}(\text{य})}\, \text{ताय}$$

पर विचार करो।

पहिले अनुकल में कय + ख = ष रक्खो।

$$\text{तो ताय} = \frac{1}{\text{क}}\, \text{ताष}$$

$$\therefore \int (\text{क य} + \text{ख})^{\text{सं}}\, \text{ताय} = \frac{1}{\text{क}} \int \text{ष}^{\text{सं}}\, \text{ताष}$$

$$= \frac{1}{\text{क}} \cdot \frac{\text{ष}^{\text{सं}+1}}{\text{सं}+1} = \frac{1}{\text{क}} \cdot \frac{(\text{क य} + \text{ख})^{\text{सं}+1}}{\text{सं}+1}.$$

दूसरे में फ (य) = श रक्खो।

लघुगणक लेने से,

$$\text{लघु फ (य)} = \text{लघु श}$$

$$\therefore \frac{\text{फ}'(\text{य})}{\text{फ}(\text{य})} = \frac{\text{ताश}}{\text{श}}$$

अतः $\int \frac{फ'(य)}{फ(य)}$ ताय $= \int \frac{ताश}{श}$

$=$ लघु श $=$ लघु फ (य).

हम शेष दोनों रूप विद्यार्थी के अभ्यास के लिये छोड़े देते हैं।

१०१. व्युज्या य का अनुकल—

मान लो कि स्पज्या $\frac{य}{२} = श$

तो लघु स्पज्या $\frac{य}{२} =$ लघु श

$\therefore \frac{१}{२} \cdot \frac{१}{स्पज्या \frac{य}{२}}$ व्युकोज$^{२} \frac{य}{२}$ ताय $= \frac{ताश}{श}$

अतः $\frac{ताय}{२ \text{ ज्या} \frac{य}{२} \text{ कोज} \frac{य}{२}}$ अर्थात् $\frac{ताय}{ज्या\ य} = \frac{ताश}{श}$

$\therefore \int$ व्युज्या य ताय $= \int \frac{ताश}{श} =$ लघु श

$=$ लघु स्पज्या $\frac{य}{२} = -$ लघु (व्युज्या य $+$ कोस्प य)

१०२ व्युकोज य का अनुकल निकालने के लिये

य $=$ र $- \frac{\pi}{२}$ रक्खो

तो ताय = तार

अतएव $\int$ व्युकोज य ताय = $\int$ व्युकोज $\left(र - \frac{\pi}{२}\right)$ तार

$= \int$ व्युज्या र तार = लघु स्पज्या $\frac{र}{२}$

= लघु स्पज्या $\left(\frac{\pi}{४} + \frac{य}{२}\right)$ = लघु (व्युकोज य + स्पज्या य)

१०३ $\frac{१}{\sqrt{य^२ + क^२}}$

$\int \frac{ताय}{\sqrt{य^२ + क^२}}$

निकालने के लिये

य = क स्पज्या क्ष रक्खो।

तो ताय

= क व्युकोज^२ क्ष ताक्ष।

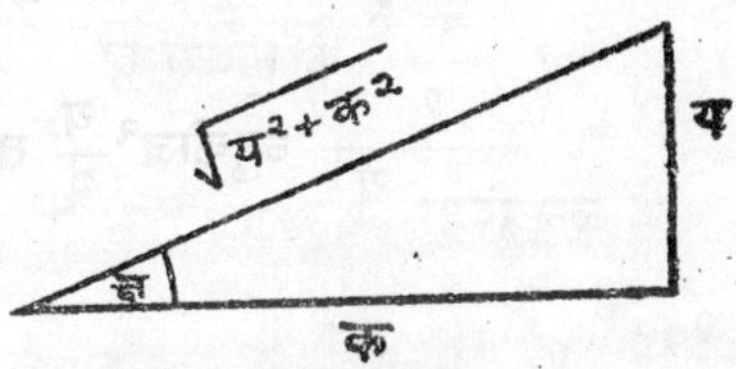

चित्र १७

अतः $\int \frac{ताय}{\sqrt{य^२ + क^२}} = \int$ व्युकोज क्ष ताक्ष

= लघु (व्युकोज क्ष + स्पज्या क्ष) = लघु $\frac{य + \sqrt{य^२ + क^२}}{क}$

अतएव, अचल को छोड़ देने से

$\int \frac{ताय}{\sqrt{य^२ + क^२}}$ = लघु $(य + \sqrt{य^२ + क^२})$

१०४. $\frac{१}{\sqrt{य^२ - क^२}}$

मान लो कि य
= क व्युकोज क्ष
तो ताय
= क व्युकोज क्ष
स्पज्या क्ष ताक्ष

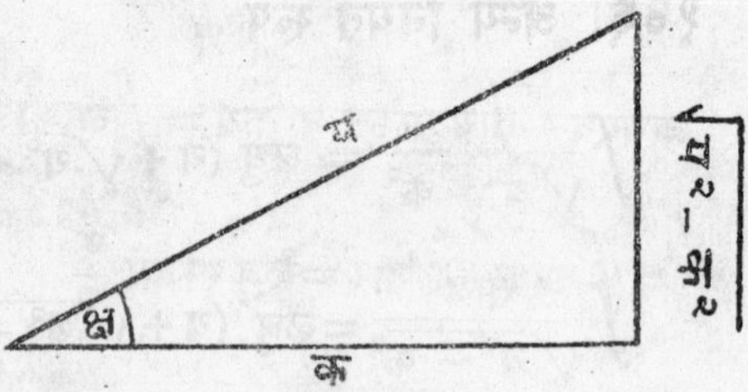

चित्र १८

$$अतः \int \frac{ताय}{\sqrt{य^२ - क^२}}$$

$$= \int \frac{क \text{ व्युकोज क्ष स्पज्या क्ष ताक्ष}}{क \text{ स्पज्या क्ष}} = \int \text{व्युकोज क्ष ताक्ष}$$

$$= \text{लघु (व्युकोज क्ष + स्पज्या क्ष)} = \text{लघु} \frac{य + \sqrt{य^२ - क^२}}{क}$$

१०५. $\sqrt{क^२ - य^२}$

मान लो कि य = क ज्या क्ष

तो ताय = क कोज क्ष ताक्ष

$$अतः \int \sqrt{क^२ - य^२} \text{ ताय} = क^२ \int \text{कोज}^२ \text{ क्ष ताक्ष}$$

$$= क^२ \int \frac{१ + \text{कोज २ क्ष}}{२} \text{ ताक्ष} = \frac{क^२}{४} \text{ज्या २ क्ष} + \frac{क^२}{२} \text{ क्ष}$$

$$= \frac{१}{२} क^२ \text{ ज्या क्ष कोज क्ष} + \frac{क}{२} \text{ क्ष}$$

$$= \frac{य\sqrt{क^२ - य^२}}{२} + \frac{क^२}{२} \text{ज्या}^{-१} \frac{य}{क},$$

१०६. अन्य नियत रूप

$$\int \frac{\text{ताय}}{\sqrt{\text{य}^2 + \text{क}^2}} = \text{लघु}\ (\text{य} + \sqrt{\text{य}^2 + \text{क}^2}).$$

$$\int \frac{\text{ताय}}{\sqrt{\text{य}^2 - \text{क}^2}} = \text{लघु}\ (\text{य} + \sqrt{\text{य}^2 - \text{क}^2}).$$

$$\int \sqrt{\text{क}^2 - \text{य}^2}\ \text{ताय} = \frac{\text{य}\sqrt{\text{क}^2 + \text{य}^2}}{२} + \frac{\text{क}^2}{२}\ \text{ज्या}^{-१}\frac{\text{य}}{\text{क}}.$$

$$\int \sqrt{\text{य}^2 + \text{क}^2}\ \text{ताय} = \frac{\text{य}\sqrt{\text{य}^2 + \text{क}^2}}{२}$$

$$+ \frac{\text{क}^2}{२}\ \text{लघु}\ (\text{य} + \sqrt{\text{य}^2 + \text{क}^2}).$$

$$\int \sqrt{\text{य}^2 - \text{क}^2}\ \text{ताय} = \frac{\text{य}\sqrt{\text{य}^2 - \text{क}^2}}{२}$$

$$- \frac{\text{क}^2}{२}\ \text{लघु}\ (\text{य} + \sqrt{\text{य}^2 - \text{क}^2}).$$

पिछले दो सूत्रों की उपपत्ति अगले अध्याय में दी जायगी।

उपरिलिखित प्रथम दो सूत्रों की तुलना § ९५ के इस सूत्र

$$\int \frac{\text{ताय}}{\sqrt{\text{क}^2 - \text{य}^2}} = \text{ज्या}^{-१}\frac{\text{य}}{\text{क}}\ \text{या}\ -\text{कोज्या}^{-१}\frac{\text{य}}{\text{क}}$$

से करो।

१०७. प्रतिपन्न प्रश्न

(१) $\frac{1}{\sqrt{य^2 - ६ य + १०}}$, $\sqrt{य^2 - ४ य + १३}$

का अनुकलन करो।

$$\int \frac{ताय}{\sqrt{य^2 - ६य + १०}} = \int \frac{ताय}{\sqrt{(य - ३)^2 + १}}$$

$$= लघु \left\{ य - ३ + \sqrt{(य - ३)^2 + १} \right\}$$

$$= लघु \left(य - ३ + \sqrt{य^2 - ६ य + १०} \right).$$

$$\int \sqrt{य^2 - ४ य + १३} \; ताय = \int \sqrt{(य - २)^2 + ९} \; ताय$$

$$= (य - २) \frac{\sqrt{(य - २)^2 + ९}}{२}$$

$$+ \tfrac{९}{२} लघु \left(य - २ + \sqrt{(य - २)^2 + ९} \right)$$

अतः अभीष्ट अनुकल

$$= \frac{(य - २)\sqrt{य^2 - ४ य + १३}}{२}$$

$$+ \tfrac{९}{२} लघु \left(य - २ + \sqrt{य^2 - ४य + १३} \right)$$

(२) $\int \sqrt{\frac{क - य}{क + य}}$ ताय $= \int \frac{क - य}{\sqrt{क^2 - य^2}}$ ताय

$= क \int \frac{ताय}{\sqrt{क^2 - य^2}} - \int \frac{य\ ताय}{\sqrt{क^2 - य^2}}.$

$= क \int \frac{ताय}{\sqrt{क^2 - य^2}} + \frac{1}{2} \int \frac{-२य\ ताय}{\sqrt{क^2 - य^2}}$

$= क$ ज्या $^{-१} \frac{य}{क} + \sqrt{क^2 - य^2}$ ।

(३) मान निकालो— $\int_{0}^{\frac{\pi}{४}}$ व्युकोज^3 य ताय ।

(बनारस १९४६)

स्पज्या य = श, और व्युकोज^2 य ताय = ताश रखने से, हमें प्राप्त हुआ

$\int$ व्युकोज^3 य ताय $= \int \sqrt{१ + श^2}$ ताश ।

$= \frac{श\sqrt{१+श^2}}{२} + \frac{१}{२}$ लघु $\left(श + \sqrt{१ + श^2} \right)$

$= \frac{१}{२}$ स्पज्या य व्युकोज य $+ \frac{१}{२}$ लघु (स्पज्या य + व्युकोज य)

$\therefore \int_{0}^{\frac{\pi}{४}}$ व्युकोज^3 य ताय

$$= \frac{१}{२}\Big[\text{स्पज्या य व्युकोज य} + \text{लघु}\,(\text{स्पज्या य} + \text{व्युकोज य})\Big]_{०}^{\frac{\pi}{४}}$$

$$= \frac{१}{२}\left\{\sqrt{२} + \text{लघु}\;(\sqrt{२}+१)\right\}.$$

(४) मान बताओ $\int_{२}^{३} \frac{\text{य ताय}}{\sqrt{१+\text{य}}}$

प्रथम विधि

$$\int \frac{\text{य ताय}}{\sqrt{१+\text{य}}} = \int \frac{(१+\text{य})-१}{\sqrt{१+\text{य}}}\,\text{ताय}$$

$$= \int \sqrt{१+\text{य}}\;\text{ताय} - \int \frac{\text{ताय}}{\sqrt{१+\text{य}}}$$

$$= \frac{२}{३}(१+\text{य})^{\frac{३}{२}} - २\sqrt{१+\text{य}} = \frac{२}{३}(\text{य}-२)\sqrt{\text{य}+१}$$

$$\therefore \int_{२}^{३} \frac{\text{य ताय}}{\sqrt{१+\text{य}}} = \frac{२}{३}\left\{(\text{य}-२)\sqrt{\text{य}+१}\right\}_{२}^{३} = \frac{४}{३}.$$

दूसरी विधि—

मान लो कि $\sqrt{१+\text{य}} = \text{र}$

तो $\frac{\text{ताय}}{२\sqrt{१+\text{य}}} = \text{तार}$

अतः $\int \frac{\text{य ताय}}{\sqrt{\text{१} + \text{य}}} = \text{२} \int \text{य तार} = \text{२} \int (\text{र}^{\text{२}} - \text{१}) \text{ तार}$

$= \frac{\text{२}}{\text{३}} \text{र}^{\text{३}} - \text{२ र}$

जब $\text{य} = \text{२}, \text{र} = \sqrt{\text{३}}$

और जब $\text{य} = \text{३}, \text{र} = \text{२}$.

अतः $\int_{\text{२}}^{\text{३}} \frac{\text{य ताय}}{\sqrt{\text{१} + \text{य}}} = \frac{\text{२}}{\text{३}} \left(\text{र}^{\text{३}} - \text{३ र}\right)_{\sqrt{\text{३}}}^{\text{२}} = \frac{\text{४}}{\text{३}}$.

प्रश्नमाला २६

अनुकलन करो—

१. व्युकोज क य, व्युज्या क य.

२. कोस्प$^{\text{७}}$ य व्युज्या$^{\text{२}}$ य, स्पज्या$^{\text{६}}$ य व्युकोज$^{\text{२}}$ य.

३. $\frac{\text{१}}{\sqrt{\text{य}^{\text{२}} - \text{४}}}, \frac{\text{१}}{\sqrt{\text{४} - \text{य}^{\text{२}}}}, \frac{\text{१}}{\sqrt{\text{य}^{\text{२}} + \text{४}}}$,

$\sqrt{\text{य}^{\text{२}} + \text{४}}, \sqrt{\text{य}^{\text{२}} - \text{४}}, \sqrt{\text{४} - \text{य}^{\text{२}}}$.

४. $\frac{\text{१}}{\sqrt{\text{य}^{\text{२}} - \text{४य} + \text{५}}}, \sqrt{\text{य}^{\text{२}} - \text{४य} + \text{५}}, \frac{\text{१}}{\sqrt{\text{७} + \text{६य} - \text{य}^{\text{२}}}}$,

$\sqrt{\text{७} + \text{६ य} - \text{य}^{\text{२}}}$

५. मान निकालो— $\int_{\text{०}}^{\text{क}} \text{य} \sqrt{\text{क}^{\text{२}} - \text{य}^{\text{२}}} \text{ ताय}$.

अनुकलन करो—

६. $\dfrac{\text{१}}{\text{ज्या}^{\text{२}}\text{य कोज}^{\text{२}}\text{य}}$ (बनारस १९४६ - कोस्प य = श रक्खो),

$\dfrac{\text{कोज य}}{\text{क} + \text{ख ज्या य}}$.

७. $(\text{३ य}^{\text{२}} - \text{२ क}^{\text{२}})^{\text{प}}\ \text{य}, \dfrac{\text{१} - \text{कोज य}}{\text{य} - \text{ज्या य}}, \dfrac{\text{१} + \text{य}}{\text{य} + \text{३ इ}^{-\text{य}}}$

८. $\dfrac{\text{१}}{\sqrt{\text{२ य} + \text{१}}}, \dfrac{\text{२ य} - \text{१}}{\sqrt{\text{२ य} + \text{१}}}, \sqrt{\dfrac{\text{२ य} - \text{१}}{\text{२ य} + \text{१}}}$.

९. $\dfrac{\text{१}}{\text{ज्या य} - \text{कोज य}}, \dfrac{\text{१}}{\text{क कोज य} + \text{ख ज्या य}}$

(बनारस १९४६)

१०. $\text{स्पज्या}^{\text{२}}\ \text{य}, \text{स्पज्या}^{\text{३}}\ \text{य}, \text{स्पज्या}^{\text{४}}\ \text{य}, \text{स्पज्या}^{\text{३}}\ \text{य व्युकोज य}$.

११. $\dfrac{\text{१}}{\text{य लघु य}}, \dfrac{\text{१}}{\text{य लघु य लघु (लघु य)}}$.

१२. $\dfrac{\text{२} + \text{इ}^{\text{य}}}{\text{१} + \text{इ}^{\text{य}}}$.

मान निकालो—

१३. $\displaystyle\int_{\text{०}}^{\text{२}} \frac{\text{ताय}}{(\text{४} + \text{३ य}^{\text{२}})^{\frac{\text{३}}{\text{२}}}}$. १४. $\displaystyle\int_{\text{०}}^{\frac{\pi}{\text{४}}} \frac{\text{ज्या य}}{\text{कोज}^{\text{२}}\ \text{य}}\ \text{ताय}$.

१५. (१) $\int_{\text{०}}^{\sqrt{\text{२}}} \frac{\text{ताय}}{\sqrt{\text{२} - \text{य}^{\text{२}}}}$.

(२) $\int_{\frac{\pi}{\text{४}}}^{\frac{\pi}{\text{२}}} \frac{\text{कोज य}}{\text{ज्या}^{\text{२}}\text{ य}}$ ताय.

(३) $\int^{\frac{\pi}{\text{४}}}$ व्युकोज$^{\text{२}}$ क्ष ताक्ष.

(बनारस १९४०)

अध्याय ६

खण्डानुकलन

१०८. मुख्य साध्य

मान लोकि हमें दो फलनों फि और फु के गुणनफल फि फु का अनुकलन करना है। कभी कभी ऐसा होता है कि दोनों में से एक फलन सुगमता से अनुकलनशील होता है, पर दूसरा नहीं होता। ऐसी स्थितियों में इस विधि—"खण्डानुकलन"—का प्रयोग किया जाता है।

विचाराधीन अवस्था में, मान लो कि फलन फु सुगमता से अनुकलनशील है, और फू उसका अनुकल है।

$$\text{तो फू} = \int \text{फु ताय} \quad \text{अतः} \frac{\text{ताफू}}{\text{ताय}} = \text{फु}$$

$$\text{अब,} \frac{\text{ता}}{\text{ताय}}\left(\text{फि फू}\right) = \text{फि}\frac{\text{ताफू}}{\text{ताय}} + \text{फू}\frac{\text{ताफि}}{\text{ताय}}$$

$$= \text{फि फु} + \text{फू}\frac{\text{ताफि}}{\text{ताय}}$$

दोनों पक्षों का अनुकलन करने से

$$\text{फि फू} = \int \text{फि फु ताय} + \int \text{फू}\frac{\text{ताफि}}{\text{ताय}}\text{ताय..}$$

$$\text{अतएव} \int \text{फि फु ताय} = \text{फि फू} - \int \text{फू}\frac{\text{ताफि}}{\text{ताय}}\text{ताय.}$$

शब्दों में—

गुणनफल का अनुकल = पहिला फलन × दूसरे का अनुकल
− [पहिले का अवकल गुणक × दूसरे का अनुकल] का अनुकल.

१०९ प्रतिपन्न प्रश्न

(१) य कोज खय और $य^2$ ज्या खय का अनुकलन करो।

हम जानते हैं कि कोज खय का अनुकल $\frac{1}{ख}$ ज्या खय है। अतः य को पहिला और कोज खय को दूसरा फलन मानने से हमें हस्तगत हुआ

$$\int य \text{ कोज खय ताय} = \frac{य \text{ ज्या खय}}{ख} - \int 1 . \frac{\text{ज्या खय}}{ख} \text{ताय}$$

$$= \frac{य \text{ ज्या खय}}{ख} - \frac{1}{ख}\left(-\frac{\text{कोज खय}}{ख}\right)$$

$$= \frac{य \text{ ज्या खय}}{ख} + \frac{\text{कोज खय}}{ख^2}$$

और $\int य^2 \text{ ज्या खय ताय} = य^2 \left(-\frac{\text{कोज खय}}{ख}\right)$

$$- \int २य \left(-\frac{\text{कोज खय}}{ख}\right) \text{ताय}$$

$$= -\frac{य^2 \text{ कोज खय}}{ख} + \frac{२}{ख}\int य \text{ कोज खय ताय}$$

$$= -\frac{य^2 \text{ कोज खय}}{ख} + \frac{२}{ख}\left(\frac{य \text{ ज्या खय}}{ख} + \frac{\text{कोज खय}}{ख^2}\right)$$

$$= -\frac{\text{य}^2 \text{ कोज ख य}}{\text{ख}} + \frac{\text{२ य ज्या ख य}}{\text{ख}^2} + \frac{\text{२ कोज ख य}}{\text{ख}^3}$$

(२) खण्डानुकलन की क्रिया का प्रयोग बार २ हो सकता है।

$$\int \text{य}^2 \text{ इ}^{\text{य}} \text{ ताय} = \text{य}^2 \text{ इ}^{\text{य}} - \int \text{ २ य इ}^{\text{य}} \text{ ताय}$$

$$= \text{य}^2 \text{ इ}^{\text{य}} - \text{२} \int \text{य इ}^{\text{य}} \text{ ताय}$$

$$= \text{य}^2 \text{ इ}^{\text{य}} - \text{२} \left[\text{य इ}^{\text{य}} - \int \text{१. इ}^{\text{य}} \text{ ताय} \right]$$

$$= \text{य}^2 \text{ इ}^{\text{य}} - \text{२} \left(\text{य इ}^{\text{य}} - \text{इ}^{\text{य}} \right)$$

$$= \left(\text{य}^2 - \text{२ य} + \text{२} \right) \text{इ}^{\text{य}} \text{ ।}$$

(३) कभी कभी १ को दोनों में से एक फलन मानना सुलभ होता है।

$$\int \text{ज्या}^{-1} \text{य ताय} = \int \text{१. ज्या}^{-1} \text{य ताय}$$

$$= \text{य ज्या}^{-1} \text{य} - \int \text{य.} \frac{\text{१}}{\sqrt{\text{१} - \text{य}^2}} \text{ ताय}$$

$$= \text{य ज्या}^{-1} \text{य} + \sqrt{\text{१} - \text{य}^2}$$

(४) $\sqrt{\text{य}^2 + \text{क}^2}$ का खण्डानुकलन करो।

$$\int \sqrt{\text{य}^2 + \text{क}^2} \text{ ताय} = \text{य} \sqrt{\text{य}^2 + \text{क}^2}$$

$$- \int \text{य} \frac{\text{ता}}{\text{ताय}} \left(\sqrt{\text{य}^2 + \text{क}^2} \right) \text{ ताय}$$

$$= य\sqrt{य^2+क^2} - \int \frac{य^2}{\sqrt{य^2+क^2}} ताय$$

$$= य\sqrt{य^2+क^2} - \int \frac{(य^2+क^2)-क^2}{\sqrt{य^2+क^2}} ताय ।$$

$$= य\sqrt{य^2+क^2} - \int \sqrt{य^2+क^2}\, ताय$$

$$+ क^2 \int \frac{ताय}{\sqrt{य^2+क^2}}$$

पक्षान्तरण करने, २ से भाग देने और अचल छोड़ देने से,

$$\int \sqrt{य^2+क^2}\, ताय = \frac{य\sqrt{य^2+क^2}}{२}$$

$$+ \frac{क^2}{२}\ लघु\ \left(य + \sqrt{य^2+क^2}\right).$$

प्रश्नमाला २७

अनुकलन करो—

१. $य\ ज्या\ य$, $य^2\ कोज\ य$, $य\ ज्या^2\ य$, $य^2\ ज्या^2\ २\ य$ ।

२. $य^2\ इ^{२य}$, $य^3\ इ^{य}$, $य^3\ इ^{३य}$, $य^3\ इ^{२य}$ ।

३. लघु य (बनारस १९४०), य लघु य, $य^2$ लघु य,

$य^{सं}$ लघु य ।

४. ज्या य ज्या २ य, $य^2$ ज्या य, य ज्या य ज्या ३ य ।

५. स्पज्या $^{-1}$ य (बनारस १९४२), य स्पज्या $^{-1}$ य,

य ज्या $^{-1}$ य, य^{2} ज्या $^{-1}$ य।

६. मान निकालो—$\int_{0}^{\frac{\pi}{2}}$ य ज्या य ताय और $\int_{0}^{\frac{\pi}{4}}$ य कोज य ताय

(बनारस १९४३)

७. मान निकालो—$\int_{0}^{\infty}$ य इ$^{-य}$ ताय और $\int_{0}^{\infty}$ य^{2} इ$^{-य}$ ताय

(इ$^{-\infty}$ = ०)

८. $\sqrt{क^{2} - य^{2}}$ और $\sqrt{य^{2} - क^{2}}$ का खण्डानुकलन करो।

९. $\frac{\text{लघु य}}{\text{य}}$ का खण्डानुकलन करो। (बनारस १९४२)

१००. हम यहां कुछ और प्रतिपन्न प्रश्न देते हैं।

(१) $\frac{य\, इ^{य}}{(१+य)^{2}}$ का अनुकलन करो।

$$\int \frac{य\, इ^{य}}{(१+य)^{2}} ताय = \int \frac{(१+य) - १}{(१+य)^{2}}\, इ^{य}\, ताय$$

$$= \int \frac{इ^{य}\, ताय}{(१+य)^{2}} - \int \frac{इ^{य}\, ताय}{(१+य)^{2}}$$

$$= \int \frac{इ^{य} \text{ ता य}}{(१+य)} - \left\{ -\frac{इ^{य}}{१+य} + \int \frac{इ^{य}}{१+य} \text{ ता य} \right\}$$

$$= \frac{इ^{य}}{१+य}$$

(२) $इ^{क य}$ ज्या ख य और $इ^{क य}$ कोज ख य का अनुकलन करो।

मान लो कि $ना = \int इ^{क य}$ ज्या ख य ताय

और $मा = \int इ^{क य}$ कोज ख य ताय

$$\text{तो} \int इ^{क य} \text{ ज्या ख य ताय} = \frac{इ^{क य}}{क} \text{ ज्या ख य}$$

$$- \frac{ख}{क} \int इ^{क य} \text{ कोज ख य ताय},$$

$$\int इ^{क य} \text{ कोज ख य ताय} = \frac{इ^{क य}}{क} \text{ कोज ख य}$$

$$+ \frac{ख}{क} \int इ^{क य} \text{ ज्या ख य ताय}$$

अतः $क ना + ख मा = इ^{क य}$ ज्या ख य,

$- ख ना + क मा = इ^{क य}$ कोज ख य.

हल करने से,

$$\int इ^{क य} ज्या\, ख\, य\, ताय = ना$$

$$= इ^{क य} \frac{क\, ज्या\, ख\, य - ख\, कोज\, ख\, य}{क^2 + ख^2}$$

$$= \frac{इ^{कय}}{\sqrt{क^2 + ख^2}} ज्या \left(ख\, य - स्पज्या^{-1} \frac{ख}{क} \right)$$

और $\int इ^{कय}$ कोज खय ताय = मा

$$= इ^{क य} \frac{क\, कोज\, ख\, य + ख\, ज्या\, ख\, य}{क^2 + ख^2}$$

$$= \frac{इ^{क य}}{\sqrt{क^2 + ख^2}} कोज \left(ख\, य - स्पज्या^{-1} \frac{ख}{क} \right) ।$$

(३) $य^2 इ^य$ कोज य का अनुकलन करो।

पिछले उदाहरण से हमें प्राप्त है

$$\int इ^य कोज\, य\, ताय = \frac{इ^य}{\sqrt{२}} कोज \left(य - \frac{\pi}{४} \right) ।$$

अतः $\int य^2 इ^य$ कोज य ताय

$$= \frac{य^2}{\sqrt{२}} इ^य कोज \left(य - \frac{\pi}{४} \right)$$

$$-\sqrt{२} \int य\, इ^{य} \text{ कोज } \left(य - \frac{\pi}{४}\right) \text{ताय}।$$

अब, $\int इ^{य} \text{ कोज} \left(य - \frac{\pi}{४}\right) \text{ताय}$

$$= \frac{इ^{य}}{\sqrt{२}} \text{ कोज } \left(य - \frac{\pi}{२}\right)।$$

अतएव, $\int य^{२}\, इ^{य} \text{ कोज } य \text{ ताय}$

$$= \frac{य^{२}}{\sqrt{२}}\, इ^{य} \text{ कोज } \left(य - \frac{\pi}{२}\right)$$

$$-\sqrt{२} \left[\frac{य\, इ^{य}}{\sqrt{२}} \text{ कोज} \left(य - \frac{\pi}{४}\right)\right.$$

$$\left. - \frac{१}{\sqrt{२}} \int इ^{य} \text{ कोज } \left(य - \frac{\pi}{२}\right) \text{ताय} \right]$$

$$= \frac{य^{२}}{\sqrt{२}}\, इ^{य} \text{ कोज} \left(य - \frac{\pi}{४}\right) - य\, इ^{य} \text{ कोज } \left(य - \frac{\pi}{२}\right)$$

$$+ \frac{इ^{य}}{\sqrt{२}} \text{ कोज} \left(य - \frac{३\pi}{४}\right)$$

$$= \frac{य^{२}}{\sqrt{२}}\, इ^{य} \text{ कोज } \left(य - \frac{\pi}{४}\right) - य\, इ^{य} \text{ ज्या } य$$

$$+ \frac{इ^{य}}{\sqrt{२}} \text{ ज्या } \left(य - \frac{\pi}{४}\right)।$$

(४) $\int_{०}^{\frac{\pi}{४}} \frac{\text{इ}^{\text{क स्पज्या}^{-१}\text{य}}\ \text{ताय}}{(१+\text{य}^{२})^{\frac{३}{२}}}$ का मान निकालो।

मान लो कि स्पज्या $^{-१}$य = क्ष, अर्थात् य = स्पज्या क्ष, जिससे ताय = व्युकोज^{२} क्ष ताक्ष।

$$\text{तो} \int_{०}^{\frac{\pi}{४}} \frac{\text{इ}^{\text{क स्पज्या}^{-१}\text{य}}\ \text{ताय}}{(१+\text{य}^{२})^{\frac{३}{२}}}$$

$$= \int_{\text{य}=०}^{\text{य}=\frac{\pi}{४}} \frac{\text{इ}^{\text{कक्ष}}}{\text{व्युकोज}^{३}\text{क्ष}}\ \text{व्युकोज}^{२}\text{क्ष ताक्ष}$$

$$= \int_{\text{य}=०}^{\text{य}=\frac{\pi}{४}} \text{इ}^{\text{कक्ष}}\ \text{कोज क्ष ताक्ष}$$

$$\left[\frac{\text{इ}^{\text{कक्ष}}\,(\text{क कोज क्ष} + \text{ज्या क्ष})}{१+\text{क}^{२}} \right]_{\text{य}=०}^{\text{य}=\frac{\pi}{४}}$$

$$= \frac{१}{१+\text{क}^{२}} \left\{ \frac{\text{क}+\text{य}}{\sqrt{१+\text{य}^{२}}}\ \text{इ}^{\text{क स्पज्या}^{-१}\ \text{य}} \right\}_{०}^{\frac{\pi}{४}}$$

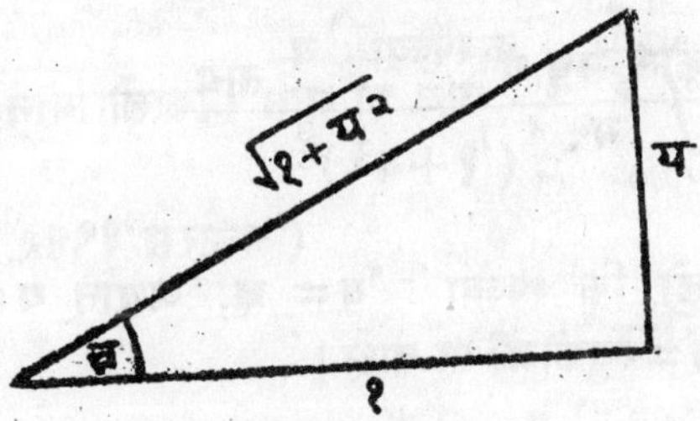

चित्र १९

$$=\frac{१}{१+क^{२}}\left\{\frac{क+\frac{\pi}{४}}{\sqrt{१+\frac{\pi^{२}}{१६}}}\,इ^{\text{कस्पज्या}^{-१}\frac{\pi}{४}}-क\right\}$$

$$=\frac{१}{१+क^{२}}\left\{\frac{४क+\pi}{\sqrt{१६+\pi^{२}}}\,इ^{\text{कस्पज्या}^{-१}\frac{\pi}{४}}-क\right\}।$$

यदि सीमायें ० और १ हो, तो मान

$$\frac{४}{१+क^{२}}\left\{\frac{क+१}{\sqrt{२}}\,इ^{क}-क\right\}$$

होगा।

प्रश्नमाला २८

अनुकलन करो—

(१) $य\,इ^{य}$ ज्या य। (२) $य^{२}\,इ^{य}$ ज्या य।

(३) $इ^{२य}$ ज्या य कोज य। (४) $इ^{२य}$ ज्या य ज्या ३य।

(५) $\int_{१}^{इ} \frac{कोज\ लघु\ य}{य}$ ताय का मान निकालो।

(बनारस १९४३)।

अनुकलन करो—

(६) $\int \frac{य\ ज्या^{-1} य}{\sqrt{१ - य^{2}}}$ ताय। (७) $\int$ व्युकोज$^{-1}$य ताय।

(८) $\int$ य व्युकोज$^{-1}$य ताय। (९) $\int \frac{य\ ताय}{१ + य^{४}}$।

(१०) $\int ज्या^{-1} \sqrt{\frac{य}{क + य}}$ ताय। (११) $\int \frac{ताय}{य^{2}\sqrt{१ + य^{2}}}$।

(१२) $\int \frac{ताय}{य^{3}\sqrt{य^{2} - १}}$।

(१३) $\int (क + खय^{सं})^{ष} य^{सं - १}$ ताय।

(१४) $\int$ लघु $(य + \sqrt{य^{2} + १})$ ताय।

(१५) $\int \frac{स्पज्या\ य\ ताय}{क + ख\ स्पज्या^{2}य}$।

(१६) $\int \frac{ताय}{क^{2}\ कोज^{2}य + ख^{2}\ ज्या^{2}य}$।

(१७) $\int \frac{य + ज्या\ य}{१ + कोज\ य}$ ताय।

अध्याय १०

आंशिक भिन्न

१११. आंशिक भिन्न ।

(१) अनुकलन करो :—

$$\frac{१}{\text{य}^२ - \text{क}^२} \; (\text{य} > \text{क}),$$

$$\text{और } \frac{१}{\text{क}^२ - \text{य}^२} (\text{य} < \text{क}) ।$$

$$\frac{१}{\text{य}^२ - \text{क}^२} = \frac{१}{२\text{क}} \left(\frac{१}{\text{य} - \text{क}} - \frac{१}{\text{य} + \text{क}} \right) ।$$

$$\therefore \int \frac{\text{ताय}}{\text{य}^२ - \text{क}^२} = \frac{१}{२\text{क}} \int \frac{\text{ताय}}{\text{य} - \text{क}} - \frac{१}{२\text{क}} \int \frac{\text{ताय}}{\text{य} + \text{क}}$$

$$= \frac{१}{२\text{क}} \text{ लघु } \frac{\text{य} - \text{क}}{\text{य} + \text{क}} ।$$

$$\frac{१}{\text{क}^२ - \text{य}^२} = \frac{१}{२\text{क}} \left(\frac{१}{\text{क} + \text{य}} + \frac{१}{\text{क} - \text{य}} \right)$$

$$\therefore \int \frac{\text{ताय}}{\text{क}^२ - \text{य}^२} = \frac{१}{२\text{क}} \int \frac{\text{ताय}}{\text{क} + \text{य}} + \frac{१}{२\text{क}} \int \frac{\text{ताय}}{\text{क} - \text{य}}$$

$$= \frac{१}{२\text{क}} \text{ लघु } \frac{\text{क} + \text{य}}{\text{क} - \text{य}} ।$$

(२) $\frac{२य+३}{५य-८}$ का अनुकलन करो।

$$\int \frac{२य+३}{५य-८}\,\text{ताय} = \int \left\{\frac{२}{५} + \left(\frac{२य+३}{५य-८} - \frac{२}{५}\right)\right\} \text{ताय}$$

$$= \frac{२}{५}\int \text{ताय} + \frac{३१}{५}\int \frac{\text{ताय}}{५य-८}$$

$$= \frac{२य}{५} + \frac{३१}{२५}\,\text{लघु}\,(५य-८)\text{।}$$

(३) $\frac{१}{(य^{२}+१)(य^{२}+२)}$ का अनुकलन करो।

मान लो कि $\frac{१}{(य^{२}+१)(य^{२}+२)} = \frac{\text{को}}{य^{२}+१} + \frac{\text{खो}}{य^{२}+२}$।

तो, $$१ = \text{को}\,(य^{२}+२) + \text{खो}\,(य^{२}+१)$$
$$= (\text{को}+\text{खो})\,य^{२} + (२\,\text{को}+\text{खो})$$

यह एक एकात्म्य है। अतः, गुणकों की तुलना करने से हमें प्राप्त होता है—

$$\text{को} + \text{खो} = ०; \qquad २\,\text{को} + \text{खो} = १$$
$$\therefore \text{को} = -\text{खो} = १$$

$$\therefore \frac{१}{(य^{२}+१)(य^{२}+२)} = \frac{१}{य^{२}+१} - \frac{१}{य^{२}+२}\text{।}$$

अतः $$\int \frac{\text{ताय}}{(य^{२}+१)(य^{२}+२)} \int \frac{\text{ताय}}{य^{२}+१} - \int \frac{\text{ताय}}{य^{२}+२}\text{।}$$

$$= \text{स्पज्या}^{-१}\,य - \frac{१}{\sqrt{२}}\,\text{स्पज्या}^{-१}\,\frac{य}{\sqrt{२}}$$

(४) मान लो कि

$$\frac{१}{(य-१)(य-४)} = \frac{को}{य-१} + \frac{खो}{य-४} ।$$

तो $$१ = को\,(य-४) + खो\,(य-१) ।$$

एकात्म्य होने के कारण यह य के सब मानों के लिये सत्य है। अतः य = १ रखने से हम देखते हैं कि को $= -\frac{१}{३}$, और य = ४ रखने से, हमें खो $= \frac{१}{३}$ प्राप्त होता है।

$$\therefore \frac{१}{(य-१)(य-४)} = \frac{१}{३}\left(\frac{१}{य-४} - \frac{१}{य-१}\right)$$

$$\therefore \int \frac{ताय}{(य-१)(य-४)} = \frac{१}{३}\int \frac{ताय}{य-४} - \frac{१}{३}\int \frac{ताय}{य-१}$$

$$= \frac{१}{३}\ लघु\ \frac{य-४}{य-१} ।$$

प्रश्नमाला २९

अनुकलन करो—

(१) $\frac{१}{य^२-९}$, $\frac{१}{४य^२-९}$, $\frac{१}{३य^२-११}$, $\frac{१}{११-३य^२}$ ।

(२) $\frac{११य+२}{२य+११}$, $\frac{२-११य}{११-२य}$, $\frac{११य+२}{११-२य}$, $\frac{२-११य}{२य+११}$ ।

(३) $\frac{१}{(य^२+४)(य^२+९)}$, $\frac{१}{(४-य^२)(य^२+२५)}$,

$$\frac{१}{(य^२+क^२)(य^२+ख^२)}।$$

(४) $\frac{१}{(य-१)(य+७)}$, $\frac{१}{(३य+२)(३-य)}$,

$\frac{१}{(य-क)(य-ख)}$, $\frac{१}{(२य-३)(५य-६)}$।

११२. प्रतिपन्न उदाहरण।

(१) $\frac{२य+५}{४य^२-८य+१३}$, $\frac{२य+५}{\sqrt{४य^२-८य+१३}}$

का अनुकलन करो।

हम जानते हैं कि $४य^२-८य+१३$ का अवकलगुणक $८य-८$ है। अतः इन दोनों भिन्नों के हम ऐसी दो भिन्नों में टुकड़े करेंगे जिनमें एक का अंश $८य-८$ हो। हमें प्राप्त है—

$$२य+५ = \frac{१}{४}(८य-८)+७।$$

$$\therefore \int \frac{(२य+५)\,ताय}{४य^२-८य+१३} = \frac{१}{४}\int \frac{(८य-८)\,ताय}{४य^२-८य+१३}$$

$$+७\int \frac{ताय}{४य^२-८य+१३} = \frac{१}{४}\,लघु\,(४य^२-८य+१३)$$

$$+७\int \frac{ताय}{४(य-१)^२+९} = \frac{१}{४}\,लघु\,(४य^२-८य+१३)$$

$$+\frac{७}{६}\,स्पज्या^{-१}\frac{२(य-१)}{३}।$$

और, $\int \frac{(२य+५)\, ताय}{\sqrt{४य^२-८य+१३}} = \frac{१}{४}\int \frac{(८य-८)\, ताय}{\sqrt{४य^२-८य+१३}}$

$+ ७ \int \frac{ताय}{\sqrt{४य^२-८य+१३}} = \frac{१}{४}\cdot २\sqrt{४य^२-८य+१३}$

$+ \frac{७}{२}$ लघु $\left[२(य-१)+\sqrt{४(य-१)^२+९}\right]$

$= \frac{१}{२}\sqrt{४य^२-८य+१३}$

$+ \frac{७}{२}$ लघु $[\,२य-२+\sqrt{४य^२-८य+१३}\,]$।

(२) $\int \frac{ताय}{(य-३)\sqrt{य+१}}$ का अनुकलन करो।

मानलो कि $\sqrt{य+१} = र$, जिससे $य = र^२ - १$।

तो $\frac{ताय}{२\sqrt{य+१}} =$ तार।

$\therefore$ अनुकल $= २\int \frac{तार}{र^२-४}$

$= \frac{१}{२}$ लघु $\frac{र-२}{र+२}$

$= \frac{१}{२}$ लघु $\frac{\sqrt{य+१}-२}{\sqrt{य+१}+२}$।

(३) मान निकालो $\int_{२}^{३} \frac{य^३\, ताय}{(य+१)(य+२)}$ का।

अनुकलन चिह्न के अन्दर का व्यंजक

$$=\frac{य^{3}}{य^{2}+३य+२}$$

$$=\frac{य(य^{2}+३य+२)}{य^{2}+३य+२}-\frac{३य^{2}+२य}{य^{2}+३य+२}$$

$$=य-\frac{३(य^{2}+३य+२)}{य^{2}+३य+२}+\frac{७य+६}{य^{2}+३य+२}$$

$$=य-३+\frac{७}{२}\,\frac{२य+३}{य^{2}+३य+२}-\frac{१}{२}\,\frac{१}{य^{2}+३य+२}$$

$$=य-३+\frac{७}{२}\,\frac{२य+३}{य^{2}+३य+२}+\frac{१}{२}\left(\frac{१}{य+२}-\frac{१}{य+१}\right)$$

∴ अनुकल

$$=\left[\frac{१}{२}य^{2}-३य+\frac{७}{२}\,लघु\,(य^{2}+३य+२)+\frac{१}{२}\,लघु\,\frac{य+२}{य+१}\right]_{१}^{३}$$

$$=\left[\frac{९}{२}-९+\frac{७}{२}\,लघु\,२०+\frac{१}{२}\,लघु\,\frac{५}{४}\right]$$

$$-\left[२-६+\frac{७}{२}\,लघु\,१२+\frac{१}{२}\,लघु\,\frac{४}{३}\right]$$

$$=-\frac{१}{२}+८\,लघु\,५+लघु\,३-१८\,लघु\,२$$

प्रश्नमाला ३०

अनुकलन करो—

(१) $\frac{५}{य^{2}-२य+१०}$, $\frac{य+२}{य^{2}-२य+१०}$, $\frac{१}{\sqrt{य^{2}-२य+१०}}$,

$$\frac{य + २}{\sqrt{य^{२} - २य + १०}} ।$$

(२) $\frac{१}{३ + २य - य^{२}}$, $\frac{५य + ३}{३ + २य - य^{२}}$, $\frac{१}{\sqrt{३ + २य - य^{२}}}$

$$\frac{५य + ३}{\sqrt{३ + २य - य^{२}}} ।$$

(३) $\frac{१}{(य + १)\sqrt{य - ३}}$ ।

(४) $\frac{१}{(३य - ४)\sqrt{३य + ५}}$, $\frac{१}{(३य + १४)\sqrt{३य + ५}}$ ।

उत्तरमाला

प्रश्नमाला १

(१) −२, ३, ८ (२) −१, ९, २१

(३) क+ख, क+ख, ख, $\frac{१}{क}$+ख, ख(कख+१),

ख$\left(\frac{ख}{क}+१\right)$

(४) ११, ११ (५) २, $\frac{क+१}{क-१}$, $\frac{२क+१}{२क-१}$

(६) (१) २(य+टि)+२ (२) २टि (३) २

(७) (१) $(य+टि)^2$ (२) टि(२य+टि)

(३) २य+टि

(८) ३य वर्गसम (९) हाँ, फलन $य^2$

(१०) हाँ, फलन ६य (११) $\pm\sqrt{\frac{२}{८}}$

प्रश्नमाला २

(१) नहीं (२) नहीं (३) हाँ (४) नहीं

(५) नहीं (६) नहीं (७) हाँ (८) हाँ

प्रश्नमाला ३

(१) $३प^2$। (२) १। (३) $-\frac{२}{८}$। (४) $\frac{२ख-१}{१-ख}$।

(५) (१) $\frac{क}{प}$; (२) $\frac{प}{क}$। (६) (१) ∞; (२) $क^2$। (७) $\frac{४}{३}$।

प्रश्नमाला ४

(२) $\frac{\text{प}}{\text{फ}}$ । (३) २ । (४) लघु प − लघु फ । (५) $\frac{\text{लघु प}}{\text{लघु फ}}$ ।

(६) ० । (७) $\frac{\text{छ}}{\text{क्ष}}$ । (८) ३ । (९) १ ।

प्रश्नमाला ५

(१) २ । (२) प । (३) $-\frac{1}{\text{य}^2}$ । (४) २ कय । (५) $\frac{1}{\text{य}^4}$ ।

(६) $\frac{\text{य}}{\sqrt{\text{य}^2-\text{क}^2}}$ । (७) − २ख(क − खय) । (८) $\frac{1}{\text{२य}}$ ।

(९) २ (कस + ख) । (११) (१) − १; (२) ० । (१२) मूल ।

(१३) (क$\sqrt{२}$, ख), (−क$\sqrt{२}$, −ख) ।

(१४) २ कोज २ य, −$\text{इ}^{-\text{य}}$ ।

प्रश्नमाला ६

(१) २$\sqrt{\text{य}}$ (रा − र) = या − य । (२) रा − र = $\text{इ}^{\text{य}}$ (या − य) । (३) रा − र + ज्या य (या − य) = ० ।

(४) २ (या − य) + य^3रा = य । (५) य या − र रा = क^2 ।

(६) $\frac{\text{य या}}{\text{क}^2} - \frac{\text{र रा}}{\text{ख}^2} = १$ । (७) (१) $\frac{\text{य या}}{\text{क}^2} + \frac{\text{र रा}}{\text{ख}^2} = १$;

(२) या − य = (१ + य^2) (रा − र) । (८) (०,१);

य + $\sqrt{३}$ (र − १) = ० । (९) (±२, ∓२); य − र = ±४ ।

(१०) य − २ र + ४ = ० ।

प्रश्नमाला ७

(१) (१) (०,२); (२, – २); (२) (– १, – ५) । (२) (१) (– २,०); (२) (क,०), (– क,०) । ३ (१) बढ़ता है जब य > ५; घटता है जब य < ५ ; (२) बढ़ता है जब य > २ या < १ ; घटता है जब २ > य > १ ।

(४) $\left(\frac{क}{\sqrt{२}}, \frac{क}{\sqrt{२}}\right), \left(\frac{क}{\sqrt{२}}, -\frac{क}{\sqrt{२}}\right),$

$\left(-\frac{क}{\sqrt{२}}, \frac{क}{\sqrt{२}}\right), \left(-\frac{क}{\sqrt{२}}, -\frac{क}{\sqrt{२}}\right)$ ।

(५) (१, – १), (– १,५),

(९) समानान्तर (०,ख) और (०, – ख) पर ; लम्ब (क,०) और (– क,०) पर

(१०) $\left(-क, -\frac{क^{२}}{५ग}\right)$ (११) र – १ = य ।

प्रश्नमाला ८

(१) (*i*) नतोदर, ऊपर की ओर, जब य > १ ; नीचे की ओर जब य < १ ।
(*ii*) ,, ,, ,, य > ३ या य < १ ; नीचे की ओर जब ३ > य > १ ।

(७) $\frac{२}{३}$ π ऊं त्रि तोत्रि । (८) ·०६ इञ्च ।

(९) २ (क त + ख) ; २ (क त + ख) तोत जिसमें तोत तापक्रम की अल्प गतिवृद्धि है ।

प्रश्नमाला ९

(१) २१६५ फ़िट प्रति से० ।

२. (१) ३६ फिट प्रति से. (२) ८ से. (३) १९२ फ़िट ।

३. १८०२ फ़िट प्रति से. (६) वु – ग स; – ग ।

९. (१) ३०′ प्रति से. (२) १८०′ (३) ६ से.
(१०) २४२ मील प्रति घण्टा ।

प्रश्नमाला १०

१. २ य, ३ $य^2$, ९ $य^8$, $\frac{१}{२\sqrt{य}}$, $-\frac{१}{२}य^{-\frac{३}{२}}$, $-३य^{-४}$,

$-\frac{३}{४}य^{-\frac{७}{४}}$, $-\frac{२}{३}य^{-\frac{५}{३}}$ ।

२. (१) $\frac{१}{य}$ (२) $\frac{क}{य}$ ३. (१) क $इ^{ख य}$ (२) कख $इ^{क ख}$

(३) $-इ^{-य}$ । ४. $२^{य}$ लघु २, $३^{य}$ लघु ३,

$२^{२ य + १}$ लघु २, ५. $३^{५ य}$ लघु ३,

$\left(\frac{२}{३}\right)^{य}$(लघु २ − लघु ३) ५. $\frac{१}{य}$ $लघु_{२}इ$, $\frac{१}{य}$ $लघु_{१०}इ$, $\frac{१}{य}$.

प्रश्नमाला ११

१. २ कोज २ य (२) − क ज्या क य (३) $\frac{व्युकोज^{२}य}{२\sqrt{स्पज्या\ य}}$

४. १ (५) ज्या य + य कोज य (६) कोज (य + टि)

७. ज्या (य + ख) (८) $\frac{१}{क}$ व्युकोज $\frac{य}{क}$ स्पज्या $\frac{य}{क}$.

९. स $(य + क)^{स - १}$ (१०) $\frac{क}{क^{२} + य^{२}}$ (११) − क ज्या २ क य ।

(१२) २ व्युकोज^{२} य स्पज्या य। (१३) २ $इ^{२ य + २}$ (१४) २य $इ^{य^{२}}$ ।

प्रश्नमाला १२

१. $२ \text{ कोज } य - \text{ज्या } य$, $इ^{य} - \frac{१}{य} + २य$, $\frac{१}{२\sqrt{य}}$,

$य^{3} + य^{2} + य$, $\frac{२}{\sqrt{१ - य^{2}}}$, $स य^{स - १} + क^{स}$,

$४ य + १$, $३ य^{2} - २(क + ख + ग) य + ख ग + ग क + क ख$,

$३ क^{2} य^{2} + ४ क ख य + ख^{2}$ ।

२. (१) $इ^{य}$ (२) $\frac{१}{१ + य}$ (३) $स (१ + य)^{स - १}$

(४) $क^{य}$ लघु क ।

३. (१) $-\frac{१}{२}\left(\frac{क}{य^{2}} + १\right)$ (२) $\frac{२ ख (३ - य)}{कय^{3}}$

(३) $-\frac{३ क + २ ख\sqrt{य}}{२ ग य^{\frac{५}{२}}}$ (४) $\frac{ख य^{\frac{३}{२}} - ५ क}{४ ग य^{\frac{९}{४}}}$

(५) $\frac{क य - ख}{२ य^{\frac{3}{२}}}$

प्रश्नमाला १३

१. $य (२ \text{ कोज } य - य \text{ ज्या } य)$, $य^{2} (य + ३) इ^{य}$

$य^{स - १} (य + स) इ^{य}$, $२^{य}$ (कोज य + ज्या य लघु २),

य (१ + २ लघु य),

$(\text{लघु } य + १) \text{ ज्या}^{-१} य + \frac{य}{\sqrt{१ - य^{2}}} \text{लघु } य$,

$$\text{य इ} \left\{ (\text{य} + २)\ \text{स्पज्या य} + \text{य व्युकोज}^{२}\ \text{य} \right\},$$

$$\tfrac{१}{२}\ \text{य}^{-\frac{१}{२}} \left\{ \text{व्युकोज य व्युज्या य} + २\ \text{य} \left(\text{व्युकोज}^{२}\text{य} - \text{व्युज्या}^{२}\text{य} \right) \right\}$$

२. $२\ \text{व्युज्या य} \left(२ - \text{य कोस्प य} \right), - \text{व्युज्या य कोस्प य},$

$- \text{य}^{-५} \left(\text{य ज्या य} + ४\ \text{कोज य} \right),\ \text{य}^{२} \left(३\ \text{कोस्प य} - \text{य व्युज्या}^{२}\text{य} \right),$

$$\frac{\text{ग}^{२} \left(\text{ज्या य} - \text{य कोज य} - \text{य}^{२} \right)}{\left(\text{य}^{२} + \text{ज्या य} \right)^{२}},$$

$$\text{य इ}^{-\text{य}} \left(२\ \text{कोज य} - \text{य ज्या य} - \text{य कोज य} \right),$$

$$\frac{(\text{लघु य} - \text{य})\ \text{ज्या य} - \text{य लघु य} \left(\text{ज्या य} + \text{कोज य} \right)}{(\text{लघु य})^{२}\ \text{ज्या}^{२}\ \text{य}}\ \text{इ}^{-\text{य}},$$

$$\tfrac{३}{२}\ \text{य}^{-\frac{३}{२}}\ \text{व्युकोज य} \left(२\text{य स्पज्या य} - १ \right),$$

३. $\text{य} \left(२\ \text{लघु य} + १ \right) - २\ \text{य}^{-\frac{१}{२}} \left(\text{लघु य} + २ \right),$

$\text{इ}^{\text{य}} \left(\text{व्युकोज}^{२}\ \text{य} + \text{स्पज्या य} + \text{कोज य} - \text{ज्या य} \right),$

$\left(\text{य}^{२} + ३\ \text{य} + १ \right) \text{इ}^{\text{य}}\ \text{लघु य} + (१ + \text{य})\ \text{इ}^{\text{य}},$

$\text{व्युकोज य} \left\{ ८\ \text{इ}^{\text{य}} \left(\text{स्पज्या य} + १ \right) + ३\ \text{स्पज्या य} \right\},$

$५ \left(\text{लघु य} + १ \right) - २\ \text{इ}^{\text{य}} \left(\text{लघु य} + \frac{१}{\text{य}} \right),\ \text{य कोज अ}।$

४. $$\frac{२\ \text{य} \left(\text{ज्या य} + \text{कोज य} \right) - \text{य}^{२} \left(\text{कोज य} - \text{ज्या य} \right)}{१ + \text{ज्या}\ २\ \text{य}},$$

$$\frac{-\text{२ व्युकोज य}}{(\text{व्युकोज य} + \text{स्पज्या य})},$$

$$\frac{(\text{ज्या य} + \text{२})\left\{(\text{य} + \text{१})\,\text{इ}^{\text{य}} + \text{३}\right\} - \text{य}\,(\text{इ}^{\text{य}} + \text{३})\,\text{कोज य}}{(\text{ज्या य} + \text{२})^{2}}.$$

५. $-\frac{\text{२ क}}{(\text{क} + \text{य})^{2}}, \frac{\text{२ क}}{(\text{क} - \text{य})^{2}}, \frac{\text{क घ} - \text{ख ग}}{(\text{ग य} + \text{घ})^{2}}, \frac{\text{२}}{\text{ज्या २ य} - \text{१}},$

$$\frac{\text{२}}{\text{१} + \text{ज्या २ य}}.$$

६. $\frac{\text{४ क}^{2}\,\text{य}}{(\text{य}^{2} + \text{क}^{2})^{2}}, \frac{\text{४}(\text{१} - \text{३ य}^{2})}{(\text{१} - \text{२ य} + \text{३ य}^{2})^{2}}, -\frac{\text{१}}{\sqrt{\text{य}}\,(\sqrt{\text{य}} - \text{१})^{2}},$

$$\frac{\text{य}^{2} + \text{२ य} - \text{१}}{\text{य}^{2} + \text{२ य} + \text{१}}, \frac{(\text{प} - \text{ब})\{\text{फ य}^{2} + \text{२}\,(\text{प} + \text{ब})\,\text{य} + \text{फ}\}}{(\text{ब य}^{2} + \text{फ य} + \text{प})^{2}}$$

७. $\text{कोज}^{2}\text{य} - \text{य ज्या २ य}, \text{२ ज्या य}\,(\text{ज्या य} + \text{२ य कोज य}),$

$$\text{इ}^{\text{य}}\left\{\frac{\text{कोज}^{2}\text{य}}{\text{य}} + \text{लघु य कोज}^{2}\text{य} - \text{लघु य ज्या २ य}\right\}$$

प्रश्नमाला १४

१. $-\tfrac{\text{१}}{\text{२}}\,(\text{ज्या य} + \text{३ ज्या ३ य}), -\frac{\text{ज्या य}}{\text{२}\sqrt{\text{कोज य}}},$

$\text{कोज य}\,(\text{कोज य} - \text{२ य ज्या य}), \text{इ}^{\text{य}}\,\text{कोज}\,(\text{इ}^{\text{य}})$

२. $-\text{८}(\text{२य} + \text{३})^{-\text{५}}, \text{स क}\,(\text{क य} + \text{ख})^{\text{स} - \text{१}}$

३. $\frac{२य+क}{२\sqrt{य^2+कय+१}}, -\frac{१}{२}\frac{२कय+ख}{(कय^2+खय+ग)^{\frac{3}{2}}}$.

४. $(ष\ कोज^2 य - स\ ज्या^2 य)\ ज्या^{ष-१} य\ कोज^{स-१} य$,

$-ज्या\ य\ व्युकोज^2(कोज\ य)\ कोज\ \{स्पज्या(कोज\ य)\}$

५. $-\frac{ज्या\ लघु\ य}{य}, -\frac{१}{य} ज्या\ लघु\ य\ कोज\ \{कोज\ लघु\ य\}$,

$\frac{१}{य^2\ लघु\ य}(१-लघु\ य\ लघु\ लघु\ य)$.

६. $-\frac{१}{१+य^2}, -\frac{१}{२} इ^{\sqrt{कोस्प\ य}}\ कोज^{-\frac{१}{२}} य\ ज्या^{-\frac{३}{२}} य$

$\frac{१-य\sqrt{१-य^2}}{(१-य^2)^{\frac{3}{2}}}, -\frac{१}{२}$,

७. $\frac{१४(२य-१)}{(३य+२)^3}, \frac{३}{२\sqrt{य}}\left(य+\frac{१}{य}-२\right)\left(१+\frac{१}{य}\right)$,

$\frac{कसय^{स-१}}{(क+य)^{स+१}}$

८. $\frac{२कख}{क^2-ख^2य^2}, -\sqrt{य^2-१}$,

$(३य^2+२य)\ लघु\ य+य^2+य+\frac{१}{य}$.

९. $२^{य\ ज्या\ य}\ लघु\ २\ (ज्या\ य+य\ कोज\ य)$,

$-\frac{कोज\sqrt{य}\ ज्या\sqrt{ज्या\sqrt{य}}}{८\sqrt{य}\sqrt{ज्या\sqrt{य}}\sqrt{कोज\sqrt{ज्या\sqrt{य}}}}$

प्रश्नमाला १५

१. $(\text{क य}+\text{ख})^{\text{ग य}+\text{घ}-1}\left\{\text{ग}(\text{क य}+\text{ख})\ \text{लघु}\ (\text{क य}+\text{ख}) + \text{क}\ (\text{ग य}+\text{घ})\right\}$,

$(\text{कोज य})^{\text{य}}\left\{\text{लघु कोज य}-\text{य स्पज्या य}\right\}$,

$\text{इ}^{\text{य ज्या य}}\ (\text{ज्या य}+\text{य कोज य})$.

$(\text{कोज}^{-1}\text{ य})^{\text{य}-1}\left\{\text{कोज}^{-1}\text{य लघु}\ (\text{कोज}^{-1}\text{य})-\frac{\text{य}}{\sqrt{1-\text{य}^2}}\right\}$,

$\text{य}^{\text{कोज}^{-1}\text{य}}\left\{\frac{\text{कोज}^{-1}\text{य}}{\text{य}}-\frac{\text{लघु य}}{\sqrt{1-\text{य}^2}}\right\}$,

$\frac{1}{2}\ \text{इ}^{\text{य}}\ \text{य}^{\frac{1}{2}\text{इ}^{\text{य}}}\left(\text{लघु य}+\frac{1}{\text{य}}\right)$, $\text{य}^{\text{य}}\ (\text{लघु य}+1)\ \text{इ}^{\text{य}^{\text{य}}}$.

३. $(\text{व्युकोज य})^{\text{स्पज्या य}}\ (\text{व्युकोज य लघु व्युकोज य}+\text{स्पज्या}^2\text{ य})$
$+(\text{स्पज्या य})^{\text{व्युकोज य}}\ \text{व्युकोज य}\ (\text{स्पज्या य लघु स्पज्या य}$
$+\text{व्युकोज य व्युज्या य})$, $(\text{कोज य})^{\text{य}}(\text{लघु कोज य}-\text{य स्पज्या य})$
$+\text{य}^{\text{कोज य}}\left(\frac{\text{कोज य}}{\text{य}}-\text{ज्या य लघु य}\right)$

४. $\text{य}^{\text{य}^2+1}\ (2\ \text{लघु य}+1)+2\ \text{य}^{2\text{ य}}\ (\text{लघु य}+1)$,

$(1+\text{कोज य})^{\text{ज्याय}}\left\{\text{कोज य लघु}\ \left(1+\text{कोज य}\right)\right.$

$- २ \text{ ज्या}^2 \frac{\text{य}}{२} \Big\}$

५. कोज य $\text{इ}^{\text{ज्याय}}$ लघु स्पज्या य + व्युकोज य व्युज्या य $\text{इ}^{\text{ज्या य}}$ ।

प्रश्नमाला १६

१. $\text{इ}^{\text{ख}} - \text{इ}^{\text{क}}$ । (२) $\text{इ}^{-\text{क}} - \text{इ}^{-\text{ख}}$ । (३) $\frac{१}{२}(\text{ख}^2 - \text{क}^2)$

४. $१\frac{३}{४}$ (५) १ ।

प्रश्नमाला १७

१. $\frac{\text{ग}}{\text{ख}}$ (२) $\frac{\text{क}\pi}{२\text{ख}}$ (३) १० (४) य = २क

५. $\frac{१}{२}$ टि^2 स्पज्या अ (६) $\frac{१}{३}(\text{क}^2 - \text{ख}^2)$

प्रश्नमाला १८

१. $२ \text{ क} \pi \text{ घ}^2$ (२) $\frac{\pi^2 \text{ग}^2}{४\text{ख}}$ (३) $\frac{\pi}{४}\left(\text{इ}^{४\text{ख}} - \text{इ}^{४\text{क}}\right)$

४. $\frac{\pi}{३}\text{ग}^3$ (५) $\frac{\pi}{३}$ ऊं^3 स्पज्या^2 अ (६) $\frac{४}{३}\pi \text{ कख}^2, \frac{४}{३}\pi \text{ क}^2\text{ख}$ ।

प्रश्नमाला १९

१. $१०\frac{१}{२}$ (२) $\frac{१}{२१}$ (३) $२(\sqrt{२} - १)$ (४) १ (५) − १

६. लघु २ (७) − १ (८) $\frac{\pi}{२}$

९. $\frac{१}{२}(\text{ख}^2 - \text{क}^2)$ + कोज ख − कोज य ।

प्रश्नमाला २०

१. $इ^{य}$ । (२) $-\sqrt{य}$ (३) $\frac{-१}{२२(११य+४)^{2}}$

४. $\frac{१}{१२}(२-३य)^{-४}$ (५) $-\frac{क}{ख}$ कोज ख य और $\frac{क}{ख}$ ज्या ख य।

६. $२\ र = २\ य^{3}$ (७) स्पज्या $\left(य+\frac{\pi}{४}\right)$ (८) $\frac{\pi}{६}$.

प्रश्नमाला २१

१. $दू = स^{2} + ११\ स$ (२) १७०४$\frac{४}{९१}$ मील।

५. $ख^{2}दू + क$ ज्या ख स $= ०$

प्रश्नमाला २२

१. र = स्पज्या य + १ (२) १ − कोज य (३) $(र+१)\ इ^{य} = १$

४. $दू = क\ स^{2} + ख\ स + ग$ (५) स (दू − २ स) = १

प्रश्नमाला २३

१, $\frac{क^{२४४}}{२४४}$, $-\frac{३}{८}य^{-\frac{८}{३}}$, $\frac{य^{ग+१}}{ग+१}$

२. $\frac{२}{१९५}(१५\ य-२)^{\frac{१३}{२}}$, $-\frac{२}{१९५}\left(२-१५\ य\right)^{\frac{१३}{२}}$,

$-\frac{२}{१३५}\left(१५\ य-२\right)^{-\frac{१}{२}}$, $\frac{२}{१३५}\left(२-१५\ य\right)^{-\frac{१}{२}}$,

$-\frac{(क-ख\ य)^{सं+१}}{(सं+१)\ ख}$.

३. $-\frac{1}{क}$ लघु (ख − क य), $-\frac{1}{ख}$ लघु (क − ख य), $\frac{-2}{5\sqrt{5य+2}}$.

४. $\frac{2}{5}\left(इ^{य} + लघु\, य\right)^{\frac{5}{2}}$, $\frac{(क य^2 + ख य + ग)^{सं+1}}{सं+1}$,

$\frac{(ग - ख य - क य^2)^{सं+1}}{सं+1}$.

५. लघु (क य² + ख य + ग), लघु य, लघु लघु य, $\frac{-2}{\sqrt{य^2+2य-2}}$

६. लघु $(इ^{य} + इ^{-य})$, लघु $ज्या^{-1} य$, लघु कोस्प य।

७. $-\frac{1}{3}\, ज्या^{-3}\, य$। (८) $\frac{1}{2}(\sqrt{2} - 1)$

(९) $\frac{1}{30}(5य^2 - 10य + 17)^3$

प्रश्नमाला २४

१. $\frac{1}{2} य^2 + इ^{य}$, $\frac{1}{3} य^3 -$ लघु य, $\frac{क}{2} य^2 - \frac{ख}{य}$,

$\frac{1}{3} क य^3 + \frac{1}{2} ख य^2 + ग य$।

२. $\frac{1}{2}$ (य + ज्या य कोज य), $\frac{1}{12}$ कोज ३य − $\frac{3}{4}$ कोज य,

$-\frac{1}{4}$ कोज २ य, $\frac{1}{2}\left[\frac{ज्या\,(च - छ)\,य}{च - छ} - \frac{ज्या\,(च + छ)\,य}{च + छ}\right]$

३. $\frac{1}{स+1} ज्या^{स+1} य$, $\frac{1}{2}$ स्पज्या² य, $-\frac{1}{2}\,(व्युज्या^{-1}\, य)^2$.

४. य − क लघु (य + क), य + क लघु य,

$-$क लघु (क $-$ ख) $-$ य , क लघु य $-$ य ।

५. $-\left(\frac{क}{य}+\frac{ख}{२य^{२}}+\frac{ग}{३य^{३}}\right)$, $\frac{ख}{य}-\frac{ग}{२य^{२}}$ $-$ क लघु य ,

$\frac{१}{२}$ स्पज्या$^{-१}$ $\frac{य-३}{२}$, $\frac{१}{४}$ स्पज्या$^{-१}$ $\frac{२य-१}{२}$

६. लघु $\left(इ^{य}+११\right)$, लघु (लघु व्युकोज य), $\frac{४^{य}}{लघु ४}+\frac{य^{४}}{४}$.

७. $\frac{१}{११}$ व्युकोज$^{-१}$ $\frac{य}{११}$, शरज$^{-१}$ $\frac{य}{२}$ (८) $\frac{\pi}{४}$ (९) $\frac{२}{३}$.

प्रश्नमाला २५

१. क ज्या $इ^{य}$, $इ^{स्पज्या^{-१} य}$, $\frac{१}{३}$ स्पज्या$^{-१}\left(य^{३}\right)$.

२. $-\sqrt{\frac{१-य}{१+य}}$. (३) $\frac{१}{३}$. (४) $\frac{१}{४}$. (५) $\frac{\pi}{२}$ (६) $\frac{\pi}{४}$.

प्रश्नमाला २६

१. $\frac{१}{क}$ लघु (व्युकोज कय + स्पज्या कय), $\frac{१}{क}$ लघु स्पज्या $\frac{कय}{२}$.

२. $-\frac{१}{८}$ (कोस्प य)^{८}, $\frac{१}{७}$ (स्पज्या य)^{७}.

३. लघु $\left(य+\sqrt{य^{२}-४}\right)$, ज्या$^{-१}$ $\frac{य}{२}$, लघु $\left(य+\sqrt{य^{२}+४}\right)$,

$\frac{य\sqrt{य^{२}+४}}{२}$ + २ लघु $\left(य+\sqrt{य^{२}+४}\right)$,

$$\frac{य\sqrt{य^2-४}}{२} - २\ लघु\left(य+\sqrt{य^2-४}\right),$$

$$\frac{य\sqrt{४-य^2}}{२} + २\ ज्या^{-१}\frac{य}{२}.$$

४. $लघु\left(य-२+\sqrt{य^2-४य+५}\right),$

$$\frac{(य-२)\sqrt{य^2-४य+५}}{२} + \frac{१}{२}\ लघु\left(य-२+\sqrt{य^2-४य+५}\right),$$

$$ज्या^{-१}\frac{य-२}{४},\ \frac{(य-२)\sqrt{७+६य-य^2}}{२} + ८\ ज्या^{-१}\frac{य-२}{४}.$$

५. $\frac{१}{३}क^3$ ६. $स्पज्या\ य - कोस्व\ य,\ \frac{१}{ख}\ लघु\ (क+ख\ ज्या\ य).$

७. $\frac{(३\ य^2-२\ क^2)^{प+१}}{६(प+१)},\ लघु\ (य-ज्या\ य),\ लघु\ (य\ इ^{य}+इ).$

८. $\sqrt{२\ य+१},\ \frac{१}{३}(२\ य-५)\sqrt{२य+१},$

$\frac{१}{२}\sqrt{४य^2-१} - \frac{१}{२}\ लघु\ (२\ य+\sqrt{४\ य^2-१})$

९. $\frac{१}{\sqrt{२}}\ लघु\ स्पज्या\left(\frac{य}{२}-\frac{\pi}{८}\right),$

$$\frac{१}{\sqrt{क^2+ख^2}}\ लघु\ स्पज्या\left(\frac{य}{२}+\frac{१}{२}\ स्पज्या^{-१}\frac{क}{ख}\right)$$

१०. $स्पज्या\ य - य,\ \frac{१}{२}\ स्पज्या^2\ य - लघु\ व्युकोज\ य,$

$य - स्पज्या\ य + \frac{१}{३}\ स्पज्या^3\ य,\ \frac{१}{३}\ व्युकोज^3\ य - व्युकोज\ य.$

११. लघु लघु य, लघु लघु लघु य ।

१२. $य - लघु\ (१ + इ^{-य})$, (१३) $\frac{१}{८}$ (१४) $\sqrt{२} - १$.

१५. (१) $\frac{\pi}{२}$ (२) $\sqrt{२} - १$ (३) १.

प्रश्नमाला २७

१. $ज्या\ य - य\ कोज\ य$, $(य^2 - २)\ ज्या\ य + २\ य\ कोज\ य$,

$\frac{१}{४} य^2 - \frac{१}{४} य\ ज्या\ २\ य - \frac{१}{८} कोज\ २\ य$,

$\frac{य^3}{६} - \frac{य^2}{८} ज्या\ ४\ य - \frac{य}{१६} कोज\ ४\ य + \frac{१}{६४} ज्या\ ४\ य$.

२. $\frac{१}{४} (२य^2 - २य + १)\ इ^{२ य}$, $(य^3 - ३ य^2 + ६ य - ६)\ इ^{य}$,

$\frac{१}{२७} (९ य^3 - ९ य^2 + ६ य - २)\ इ^{३ य}$,

$\frac{१}{८} (४ य^3 - ६ य^2 + ६ य - ३)\ इ^{२ य}$,

३. $य\ (लघु\ य - १)$, $\frac{य^2}{४} (२\ लघु\ य - १)$,

$\frac{य^3}{९} (३\ लघु\ य - १)$,

$\frac{य^{सं + १}}{(सं + १)^2} \left\{ (सं + १)\ लघु\ य - १ \right\}$,

४. $\frac{२}{३} ज्या^3 य$, $(२ - य^2)\ कोज\ य + २\ य\ ज्या\ य$,

$\frac{१}{४} य\ ज्या\ २\ य + \frac{१}{८} कोज\ २\ य - \frac{१}{८} य\ ज्या\ ४\ य - \frac{१}{३२} कोज\ ४\ य$,

५. $य\ स्पज्या^{-१} य - \frac{१}{२} लघु\ (१ + य^2)$,

$\frac{१}{२}\left\{ (य^2+१) \text{ स्पज्या}^{-१} य - य \right\}$,

$\frac{१}{४}(२य^2-१) \text{ ज्या}^{-१} य + \frac{१}{४} य\sqrt{१-य^2}$,

$\frac{१}{३} य^3 \text{ ज्या}^{-१} य + \frac{१}{३}\sqrt{१-य^2} - \frac{१}{९}(१-य^2)^{\frac{३}{२}}$

६. $१, \frac{\pi}{४\sqrt{२}} + \frac{१}{\sqrt{२}} - १, \pi$ (७) १,२ (९) $\frac{१}{२}(\text{लघु } य)^2$

प्रश्नमाला २८

१. $\frac{१}{\sqrt{२}} य इ^{य} \text{ ज्या}\left(य - \frac{\pi}{४}\right) + \frac{१}{२} इ^{य} \text{ कोज } य$ ।

२. $\frac{१}{\sqrt{२}} य^2 इ^{य} \text{ ज्या}\left(य - \frac{\pi}{४}\right) + य इ^{य} \text{ कोज } य$

$- \frac{१}{\sqrt{२}} इ^{य} \text{ कोज}\left(य - \frac{\pi}{४}\right)$

३. $\frac{१}{४\sqrt{२}} इ^{२य} \text{ ज्या}\left(२य - \frac{\pi}{४}\right)$

४. $इ^{२य}\left\{\frac{१}{८}(\text{कोज } २य + \text{ज्या } २य)\right.$

$\left. - \frac{१}{२०}(\text{कोज } ४य + २ \text{ ज्या } ४य)\right\}$

५. ज्या (१ रेडियन) (६) $य - \sqrt{१-य^2} \text{ ज्या}^{-१} य$ ।

७. $य \text{ व्युकोज}^{-१} य - \text{लघु}\left(य + \sqrt{य^2-१}\right)$ ।

८. $\frac{१}{२} य^2 \text{ व्युकोज}^{-१} य - \frac{१}{२}\sqrt{य^2-१}$ (९) $\frac{१}{२} \text{ स्पज्या}^{-१}(य^2)$

१० $(क+य)\ स्पज्या^{-१} \sqrt{\frac{य}{क}} - क\,य$ (११) $-\frac{\sqrt{१+य^२}}{य}$

१२. $\frac{१}{२}\ व्युकोज^{-१}\ य + \frac{\sqrt{य^२-१}}{२\,य^२}$ (१३) $\frac{\left(क+ख\,य^{सं}\right)^{ष+१}}{सं\,(ष+१)\,ख}$

१४. $य\ लघु\left(य+\sqrt{य^२+१}\right) - \sqrt{य^२+१}$

१५. $\frac{१}{२(ख-क)}\ लघु\ (क\ कोज^२\ य + ख\ ज्या^२\ य)$

१६. $\frac{१}{क\,ख}\ स्पज्या^{-१}\left(\frac{ख}{क}\ स्पज्या\ य\right)$ १७) $य\ स्पज्या\ \frac{य}{२}$

प्रश्नमाला २९

१. $\frac{१}{४}\ लघु\ \frac{य-२}{य+२},\ \frac{१}{१२}\ लघु\ \frac{२\,य-३}{२\,य+३},$

$\frac{१}{२\sqrt{२२}}\ लघु\ \frac{य\sqrt{२}-\sqrt{११}}{य\sqrt{२}+\sqrt{११}},$

$\frac{१}{२\sqrt{२२}}\ लघु\ \frac{\sqrt{११}+य\sqrt{२}}{\sqrt{११}-य\sqrt{२}}$

२. $-\frac{१}{२}\ य - \frac{१२१}{८}\ लघु(२य+११),\ -\frac{१}{२}\ य + \frac{१२१}{४}\ लघु(११-२य),$

$\frac{१२१}{४}\ लघु\ \frac{१}{११-२\,य} - \frac{१}{२}\ य,\ \frac{१२१}{४}\ लघु\ (२य+११) - \frac{१}{२}\ य$ ।

३. $\frac{१}{१०}\ स्पज्या^{-१}\frac{य}{२} - \frac{१}{१५}\ स्पज्या^{-१}\frac{य}{३},$

$$\frac{१}{२९}\left\{\frac{१}{४}\text{ लघु}\frac{२+य}{२-य}+\frac{१}{५}\text{ स्पज्या}^{-१}\frac{य}{५}\right\},$$

$$\frac{१}{क^२-ख^२}\left\{\frac{१}{ख}\text{स्पज्या}^{-१}\frac{य}{ख}-\frac{१}{क}\text{स्पज्या}^{-१}\frac{य}{क}\right\}$$

४. $\frac{१}{८}$ लघु $\frac{य-१}{य+७}$, $\frac{१}{११}$ लघु $\frac{३\,य+२}{३-य}$,

$$\frac{१}{क-ख}\text{ लघु }\frac{य-क}{य-ख},\ \frac{१}{३}\text{ लघु }\frac{२\,य-३}{५\,य-६},$$

प्रश्नमाला ३०

१. $\frac{१}{३}$ स्पज्या$^{-१}$ $\frac{य-१}{३}$, $\frac{१}{२}$ लघु $(य^२-२\,य+१०)$

$+$ स्पज्या$^{-१}$ $\frac{य-१}{३}$,

लघु $\left(य-१+\sqrt{य^२-२\,य+१०}\right)$,

$\sqrt{य^२-२\,य+१०}+३$ लघु $\left(य-१+\sqrt{य^२-२\,य+१०}\right)$

२. $\frac{१}{४}$ लघु $\frac{१+य}{३-य}$, लघु $\frac{१}{\sqrt{(३-य)^९(१+य)}}$, ज्या$^{-१}$ $\frac{य-१}{२}$,

८ ज्या$^{-१}$ $\frac{य-१}{२}-५\sqrt{३+२\,य-य^२}$

३. स्पज्या$^{-१}$ $\frac{\sqrt{य-३}}{२}$

४. $\frac{१}{३}$ लघु $\frac{\sqrt{३\,य+५}-३}{\sqrt{३\,य+५}+३}$, $\frac{२}{३}$ स्पज्या$^{-१}$ $\frac{\sqrt{३य+५}}{३}$

हिन्दी अंग्रेज़ी शब्दावली

अचल	Constant
अत्यल्प	Indefinitely small
अनिश्चित अनुकल	Indefinite Integral
अनिश्चित रूप	Undetermined form
अनुकल	Integra
अनुकलन	Integration
अनुपात	Proportion
अवकल गुणक	Differential Coefficient
अवकलन	Differentiation
आदि मान	Initial value
उत्क्रम अवकलन	Inverse Differentiation
उत्क्रम वर्तुल फलन	Inverse Circular Function
उत्तरोत्तर अवकलन	Repeated Differentiation
	Successive Differentation
उन्नतोदर	Converse
ऊहा	Idea
एकात्म्य	Identity
अंग	Component
अंतराल	Interval (of space)
अंतर्धि	Interval (of time)

आंशिक भिन्न	Partial Fraction
की ओर जाता है	Approaches
की ओर प्रवृत्त होता है	Tends to
के प्रति, के अनुसार	With respect to
व्यत्ययशील	Commutative
खण्डानुकलन	Integration by Parts
गति का नियम	Law of Motion
गतिवृद्धि	Acceleration
गतिह्रास	Retardation
घटता हुआ फलन, ह्रासमय फलन	Decreasing Function
चलन कलन	Differential Calculus
चलराशि कलन	Integral Calculus
ज्यामितीय अर्थ	Geometrical Significance
ठोस	Solid
ढाल, प्रवणता	Slope
दर मापक	Rate Measurer
द्विपद प्रमेय	Binomial Theorem
नतोदर	Concave
नियत रूप	Standard Form
निश्चित अनुकल	Definite Integral
नेपियरीय लघुगणक	Napierian Logarithm
परतन्त्र चल	Dependent Variable

परिक्रम ठोस	Solid of Revolution
परिवर्तन की दर	Rate of change
प्रथम,, द्वितीय, तृतीय······संवां	First, Second, Third······
अवकल गुणक	nth Differential Coefficient
प्रयोग	Application
फलन	Function
बढ़ता हुआ फलन, वृद्धिमय फलन	Increasing Function
बढ़ती	Increment
मूल	Fundamental
मौलिक मान	Original value
लगभग	Approximately
लघुगणकीय अवकलन	Logarithmic Differentiation
वर्तुल माप	Circular Measure
शब्दावली	Terminology
सहचरनशील	Associative
सीमा	Limit
संकेतलिपि	Notation
स्थानापत्ति	Substitution
स्वतंत्र चल	Independent Variable
स्वेच्छ अचल	Arbitrary constant
हेर फेर	Interchange

अंग्रेज़ी हिन्दी शब्दावली

Acceleration	गतिवृद्धि
Application	प्रयोग
Approaches	की ओर जाता है
Approximately	लगभग
Arbitrary Constant	स्वेच्छ अचल
Associative	सहचरनशील
Binomial Theorem	द्विपद प्रमेय
Circular Measure	वर्तुल माप
Commutative	व्यत्ययशील
Component	अंग
Concave	नतोदर
Constant	अचल
Convex	उन्नतोदर
Decreasing Function	घटता हुआ फलन, ह्रासमय फलन
Definite Integral	निश्चित अनुफल
Dependent Variable	परतन्त्र चल
Differential Calculus	चलन कलन
Differential Coefficient	अवकल गुणक
Distributive	विकलनशील
First, Second, Third,......	प्रथम, द्वितीय; तृतीय,...वां वां

nth Differential Coefficient	अवकल गुणक
Function	फलन
Fundamental	मूल
Geometrical Significance	ज्यामितीय अर्थ
Idea	ऊहा
Identity	एकात्म्य
Increasing Function	वृद्धिमय फलन
Increment	बढ़ती
Indefinite Integral	अनिश्चित अनुकल
Indefinitely small	अत्यल्प
Independent Variable	स्वतन्त्र चल
Initial Value	आदि मान
Integral	अनुकल
Integral Calculus	चलराशि कलन
Integration	अनुकलन
Integration by Parts	खंडानुकलन
Interchange	हेर फेर
Interval (of space)	अन्तराल
Interval (of time)	अन्तर्धि
Inverse Circular Function	उत्क्रम वर्तुल फलन
Inverse Differentiation	उत्क्रम अवकलन
Law of Motion	गति का नियम

Limit	सीमा
Logarithmic Differentiation	लघुगणकीय अवकलन
Napierian Logarithm	नेपियरीय लघुगणक
Notation	संकेतलिपि
Original Value	मौलिक मान
Partial Fraction	आंशिक भिन्न
Proportion	अनुपात
Rate Measurer	दर मापक
Rate of Change	परिवर्तन की दर
Repeated Differentiation	उत्तरोत्तर अवकलन
Retardation	गतिह्रास
Slope	ढाल, प्रवणता
Solid	ठोस
Solid of Revolution	परिक्रम ठोस
Standard Form	नियत रूप
Substitution	स्थानापत्ति
Successive Differentiation	उत्तरोत्तर अवकलन
Tends to	की ओर प्रवृत्त होता है
Terminology	शब्दावली
Undetermined Form	अनिश्चित रूप
With respect to	के प्रति, के अनुसार

संकेत-लिपि

x, y, z,......	अज्ञात मात्रायें	य, र, ल,... ।
x′, y′, z′,......	,,	यु,रु,लु,...,यि,रि,लि,... ।
$\bar{x}$, $\bar{y}$, $\bar{z}$,......	,,	य̄, र̄, ल̄,... ।
A, B, C,......	बिंदु	का,खा,गा,...,की,खी,गी,... ।
P, Q, R,......	,,	पा,फा,बा,..., पू,फू,बू,... ।
a, b, c,......	गुणक और लंबाइयाँ	कि,खि,गि,...,कु,खु,गु,... ।
p, q, r,......	,,	पि, फि, बि,...,पु,फु,बु,... ।
α, β, γ,......	ज्ञात कोण	अ, आ, इ, ई,... ।
θ, ϕ, ψ, ...	अज्ञात कोण	क्ष, त्र, ज्ञ,... ।
e (eccentricity)		उ (उत्केन्द्रता)
e (Transcendental)		इ ।
i		ए ।
ω, λ, π		ह, ण, π ।
$y = mx + e$		र = तय + द ।
$\frac{x}{a} + \frac{y}{b} = 1$		$\frac{\text{य}}{\text{कि}} + \frac{\text{र}}{\text{खि}}$ = १ ।
$ax + by + c = o$		कय + खर + ग = ० ।
$xX + yY = 1$		य या + र रा = १ ।
h, k		टि, ठि ।

O (origin)	मू (मूलबिंदु) ।
$F(x)$	फा (य) ।
$f(x)$	फ (य) ।
$u(x)$	फि (य) ।
$v(x)$	फु य) ।
$w(x)$	फे (य) ।
$\phi(x)$	व (क) ।
$\psi(x)$	त (य) ।
$\frac{dy}{dx}$	$\frac{\text{तार}}{\text{ताय}}$ ।
$\frac{\delta y}{\delta x}$	$\frac{\text{तोर}}{\text{तोय}}$ ।
$\frac{dy}{dx}$	$\frac{\text{तर}}{\text{तय}}$ ।
D	(ता) ।
$D_x(y)$	$\text{ता}_{\text{य}}$ (र) ।
$f'(x$	फ' (य) ।
$\dot{f}$	फं ।
f_x	$\text{फ}_{\text{य}}$ ।
$f^{-1}(x)$	फ^{-1} (य) ।
y'	र' ।

y	रं।
y_1,	$र_१$ ।
t (time)	स (समय)।
s (distance)	दू (दूरी)।
n (number)	स (संख्या)।
v (velocity)	वे (वेग)।
f (acceleration)	ग (गति-वृद्धि)।
$v = u + ft$	वे = व + गस ।
$s = ut + \frac{1}{2} ft^2$	दू = वस + $\frac{१}{२}$ गस^2 ।
$v^2 = u^2 + 2fs$	वे^{2} = व^2 + २ गदू ।
